いじめの正体

現場から提起する
真のいじめ対策

和田慎市
Shinichi Wada

共栄書房

いじめの正体——現場から提起する真のいじめ対策◆目次

はじめに

終わらないいじめ問題

中学生の自殺報道が続くなど、相変わらずいじめの問題が世間を騒がせている。いつまでも終わらないいこの問題に対し、国民の多くも、いじめと聞くとまるで悪魔のように忌み嫌う傾向が強くなっているようだ。

2011年に発生し、全国に衝撃を与えた大津の中学生自殺事件をきっかけに、いじめを防ぐ（なくす）ため、2013年、「いじめ防止対策推進法」が制定・施行されたわけだが、現在に至るまでいじめ防止（特に生命の安全にかかわるケース）に効果があったとは到底思えない。

なぜ有効ないじめ対策が一向に出てこないのか。私はかねてから、現行の法律や対策自体に問題があるのではないかと考えていたため、いじめ防止対策推進法や文科省アンケート調査報告を詳しく調べることにした。

分析を進めていくと、やはり多くの問題点が明らかになった。

本書では、どうして一見まっとうな施策と思われる国の「いじめ対策」がまったく機能しないのか、具体的・論理的に説明するとともに、そうならないための真のいじめ対策・解決法についても提言したい。

ところで、私は加害者側に位置づけられることが多い教師という立場である。なぜ、いじめ対策の問題点を、とかく批判されがちな教師の側から発信しようと思ったのか？　それは、長い間学校現場の最前線に立ち、いじめを含む一千件近くの生徒間トラブルの解決にあたったことで培われた正義感が大きかったことは間違いないが、それ以上に、私の胸の内に50年近くもくすぶり続けてきた身内のいじめ問題があり、今ここで国のいじめ対策を正さなければ、被害者家族としても一生後悔すると思ったからである。

私にはたった一人の兄弟である兄がいる。兄は大人しく生真面目で心優しい性格の持ち主だった。ところが高校1年（50年ほど前）のある日、兄の人生は一変した。国語の授業の漢字書き取り作業中、手を震わせながら同じ字を何十回と繰り返し書き続けたため、教科担任がその異変に気づいたのだ。その原因を調べたところ、兄が数か月にわたり、男子同級生2人から毎日ひどいいじめを受けていたことがわかったのである。

この異常な行動が現れた時、既に兄は精神の異常をきたしており、まったく手遅れだった。学校へ行けなくなり、休学して翌年再び1年生に復学したが、神経のダメージが回復することはなく、結局登校できずに退学した。当時、いじめの事件が報道などを通して世間の注目を集めることはなかった。私の両親は、加害者側にいじめをしたことの謝罪や賠償責任を問うこともできず、まったくの泣き寝入りであった。

退学後、兄の家庭内暴力がひどくなり、主に体力のない母がターゲットになったが、明らかに長くいじめられたことによる反動・防御反応の表れであった。その後現在に至るまで、兄は働くどころか自立することもできず、数十年間ずっと精神科に通院し続けている。年齢とともに暴力性はかなり収まったものの、症状はまったく好転せず、回復のめどすら立っていない。

両親はすでに他界しており、私は兄と同居していないものの、数年前から生活のサポートをしている。国から障害年金をいただき本当に助かっているが、毎月の家計は赤字であり、母の遺産を少しずつ切り崩しながら何とか生活費を補っているのが現状である。

このように兄の人生を奪い、親族にまで一生精神的・経済的負担を強いているいじめの加害者達に、私は今でも時折怒りがこみあげてくる。この先も彼らを絶対に忘れることはないだろう。

若い頃は気づかなかったのだが、「いじめを絶対に許さない！」という潜在的な意識が、私を教師の道に進ませたのではないかと思う。ところが実際に教師となり、自分が直接いじめ問題に携わってみると、兄のように単純に善悪で片付けられるようなケースばかりでなく、人間関係が複雑に絡み合うなど実態がつかみづらく、解決が難しいケースがいくつも見られた。こうした実体験から、私はいじめが人の一生を台無しにするケースがあることを胸に刻みつつも、一時の感情や目先の利害にとらわれることなく、大局的かつ冷静にいじめの解決にあたる必要性を痛感し、国の施策の検証についても同様の態度で臨んだ。

いじめに対する先入観

さて、国のいじめ対策が誤った方向へ進んでいると思われる原因の一つに、いじめに対する国民の先入観がある。例えば次の1〜3の見解について、皆さんはどう思われるだろうか？

1. いじめは卑劣であり、決して許されない行為である
2. いじめは早期発見、迅速な対処が極めて大事である
3. いじめの被害者には継続的なケア、サポートが必要である

おそらく私を含め、この見解に「ノー」と答える人はほとんどいないのではないだろうか。国民の誰もがうなずく一致した世論のはずである。ところが、このように誰もが信じて疑わないような見解に、意外な落とし穴が隠されているのだ。

皆さんは「総論賛成、各論反対」というフレーズを聞いたことがあるだろうか。

一例を挙げてみよう。ある県では空港が1つもないため、議会が「空港設置」を提案したところ、県民の大多数が賛成をする。ところがいざ建設候補地が決まると、当該地の周辺住民は騒音や事故の心配から、手のひらを返したように空港建設に反対し始める、このようなことだ。

これを「いじめ問題」に当てはめてみると、「いじめをなくそう！　被害者を助けよう！」という考えは皆が賛成し（総論）、具体的な対策につながっていく。確かにいじめ防止の基本的

なマニュアルは必要だし、被害者とその家族が防衛するためには、巷に出ているマニュアル本で参考になるものもあるはずだ。

しかし、個別対応ならある程度は機能しても、学校等で起こっている全国すべてのいじめに対し、「いじめ防止対策推進法」をはじめとする国の施策に忠実に従い、一律に対処しても、思ったほど効果が見られない。こうして対策の効果が現れないことから、直接いじめ問題に関わった児童生徒・教師・保護者などから不満の声が上がるようになる（各論）、ということなのである。

先ほどの見解について、ちょっと仮定をしてみよう。

もし、いじめの事実確認が不可能だったら？

いじめに当たるか当たらないか判断できなかったら？

被害者の妄想や狂言だったとしたら？

どうだろうか。1～3の見解自体が有効に機能しなくなってしまう。教育現場で実感するのは、「人間が関わる出来事に100％も0％もない」ということであり、多くのいじめ被害は事実であろうが、無条件に100％信用しきって対処に取り掛かるのはちょっと危険である。私は長らく教育現場で生徒指導に当たってきたが、まさしくこういった《仮定》の問題に何度も遭遇した。その具体的な事例は後ほど詳しく述べるが、報道などを通して世間一般に認識されているほどいじめは単純ではなく、時代劇「水戸黄門」のように、善（被害者）と悪（加害者）を明確に色分けできるような問題ばかりではないのだ。

今の日本社会全体に蔓延している病――それは、ある施策に国民のほとんどが賛成し、多くの人々が個々には社会を良くしようと一生懸命活動や発言をするのだが、皆が頑張れば頑張るほど社会全体が悪い方向へ進んでしまうという現象である。まさに「いじめ対策」はこの典型的な例ではないかと思う。

なぜか国民には、「いじめ防止対策推進法」をはじめとして、国の行ういじめ対策は疑う余地のない〝絶対善〟として受け取られており、それに堂々と反対意見や疑問を述べようものなら、正義・正論を振りかざす〝ネット住民〟から、「お前はいじめを容認している！」「非国民は日本を去れ！」などとSNSで集中砲火を浴びかねない。こうして異論は封殺され、「いじめ対策」へのタブーが形成されてしまう。まさしくいじめが悪であり、卑劣であるからこそ、冷静な議論ができない状況に陥ってしまうのだ。

いま必要なのは、実効的ないじめ対策を導き出す冷静な議論である。私は被害者家族として、いじめ対策をきちんと検証・分析することで、国の施策が間違った方向へ進んでいかないように、何とか歯止めをかけたいのである。

本書の内容

さて、本書は具体的ないじめ対策のマニュアル本ではない。「いじめに関する施策・対策の問題点」をマクロ的視野で分析するとともに、教師生活のなかで実際に接してきた多様ないじめの実態を踏まえた上で、子供・教師・保護者がとるべき基本姿勢についても示す。そして真のいじめ克服に向けて、既存のいじめ解釈を改め、今後国が取るべき施策を提言する。

まず第1章では、いじめ被害者の兄を通して、いじめが人の一生を奪ってしまうという悲惨な事実を伝える。第2章では、世間の常識となっているいじめに関するフレーズについて、その誤解を一つひとつ丁寧に解いていく。第3章では、「いじめ防止対策推進法」をはじめとする既存のいじめ対策の問題点について、各関係機関や現場の対応も含めて分析する。第4章では、私が直接解決に当たったいじめの実例を取り上げ、その経緯や対処について詳しく説明した上で、解決のポイントを明らかにする。第5章では、既存のいじめ対策が、将来日本国民や社会に及ぼす影響について、その因果関係などから推測していく。そして第6章では、まず当事者がいじめを克服すべき方法（手順）を述べ、その後、政府、文科省、マスコミ等、それぞれの組織が果たすべき役割について提言する。

このような内容であるので、特に幼児～高校生の子供や孫を持つ保護者・家族、学校関係者、教育行政関係者、報道関係者・有識者、教育に関心の高い市民・ブロガーの皆様に読んでいただければありがたい。いじめ問題に大きな関心を持たれている方も、たまたまタイトルが目に留まり思わず本を手にされた方も、どうか最後までお付き合いいただければ幸いである。

第1章

いじめが兄の人生を奪った

兄が統合失調症となってからすでに50年近くが経過した。両親（特に母）は不憫に思いながらも、兄が精神障碍者であることを人に知られないように、40年以上も兄の存在を隠しながら自宅で面倒を見てきた。今となれば、「若い時にもう少し他人との交流や集団生活訓練をさせていたら……」とも思うのだが、私の親の時代に障碍者である子供の面倒を見る方法は、どの家庭でも我が家と大同小異だったようである。

私は約30年前に結婚し、妻子とともに別の家で生活していたのだが、10年ほど前に父がガンで亡くなった時、現実を直視せざるを得なくなった。母の年齢を考えれば、この先兄が独りぼっちで取り残されてしまう可能性が極めて高い。そこで私は母の了承を得て、兄の精神障碍者登録や障碍者年金の申請手続き等に奔走した。この時から現在まで、市役所、相談員、訪問介護ヘルパーなど、兄は多くの方々のお世話になっているのだが、それでも最近まで、私は兄の存在や病状を、知人に自分から話すようなことはなかった。

ところで最近、いじめによる生命の安全を脅かすような重大事態発生のニュースを耳にする機会が増えており、法の成立時から「いじめ防止対策推進法」の効果を疑問視していた私の不安が的中したように感じている。私は、「法律まで施行されたのに、なぜいじめの被害が減らないのか？」という疑問に答えるため、国の行ういじめ対策を詳細に分析したのだが、この法律がいじめの解決どころか、ますます問題をこじらせてしまう可能性が高いことがわかったのである。

この先いじめにより生命を奪われたり、兄のように一生障害や後遺症で苦しんだりする人間を絶対に作ってはならない——私は居ても立っても居られなくなり、これまでの自分の考え方を改めようと思った。学校や家庭、さらには多くの市民に、いじめが健常者を廃人にしてしまう厳然たる事実を通じて、もっといじめ対策に関心を持ってもらおうと思ったのである。

それでもさすがに、病状まで明らかにするのは兄をさらし者にするようで忍びなく、しばらく迷っていた。しかし、いじめ被害者が負った後遺症のリアルな実態を世間に伝えることが、将来のある子供の悲劇を二度と繰り返さないためのいじめ防止対策につながり、また、被害者家族としても、兄のことを知ってもらうことが結果的には兄の無念を晴らすことにもなると前向きに考え、決断したのである。

1　いじめで高校退学を余儀なくされる

直接いじめの被害を受け、今でもその行為や後遺症に苦しんでいる本人やその家族は、たとえ加害者に対し厳しい処罰がなされたとしても、それだけで心の傷が癒されることはない。被害を受けた当事者にしかわからない苦しみを抱えているはずである。

兄は高校1年生の時、学校内で数か月間にわたりひどいいじめを受け続けた。兄は生真面目で大人しかったので、入学早々やんちゃな男子2人組に目をつけられてしまった。毎日のように言葉でからかわれるだけでなく、たたかれたり突かれたりするなどしょっちゅう脅されていたようである。また、学用品を取られたり壊されたりすることも時々あり、よく学校で物がなくなるのを不審に思った母が問い合わせをしたことがあったが、担任はいじめの実態を全くつかんでいなかった。

不運で済ますことなどできないが、兄が在籍校では真面目で勉強ができたため妬みをかったこと、無口で大人しく友達がほとんどいなかったこと、やんちゃな生徒が一定数いる男子校だったこと、担任教師の観察力・情報収集力が乏しかったことが、いじめが長期間継続しエスカレートした大きな要因であったと思う。こうして毎日校内で際限なく繰り返される卑劣ないじめに対し、兄は学校の先生にも両親にも一切話さず、一人で耐え忍び続けた。

数か月後、長い間我慢して溜め込んだストレスがついに限界に達し、まるで風船がはじけるように兄の精神は一気に崩壊してしまった。国語の授業で漢字の書き取り作業中、兄は手を震わせながら同じ字を何十回と繰り返し書き続けたため、教科担任がこの異変に気づいたのだ。しかし、この異常な行動が現れた時には、まったくの手遅れだった。兄は不安と恐怖から学校に行けなくなり、その年度末まで休学せざるを得なかった。

両親の必死のサポートもあり、兄は新しいクラス担任（母は親身になってくれたと感謝している）と面談した上で、翌年再び1年のクラスに編入して頑張ることになった。しかし兄が受けた精神の傷は相当に深く、新年度になっても昼夜逆転で朝起きられない日々が続き、結局ほとんど登校することができなかった。欠席日数がかさむ中、両親もついに卒業をあきらめ、本人同意のもとで高校に退学届を提出した。実は母親も後から知ったことなのだが、兄は中学時代も同級生達に縄で縛られるなど、クラス内でたびたびいじめを受けていたらしい。そんなにも長い期間いじめを受け続けていたなら、気が変になってしまうのも当然であろう。

兄は本当に心優しい性格の持ち主であり、弟の私の面倒もよく見てくれたことを、子供ながらによく覚えている。情けないことに私は、大学生になり精神疾患の知識が多少身についた段階でやっと、兄が中学時代すでに強迫神経症的な行動をとっていたことに気付いた。その当時兄が就寝前に部屋から出てきて、玄関のドアの施錠をしばらくじっと見つめて確認したり、自分の部屋の電気を何度もつけたり消したりしていた行動が、いじめによって精神を病んでいた兆候だとわかったのだが、当時は両親も私も、兄の几帳面さの一面と受け止めてしまったわけで、本当に悔しい限りである。

また、兄にとって不運だったのは、この当時いじめに関する世の中の情報はほとんどなく、いじめによる被害が報道等で世間の注目を集めることなど皆無であったことだ。そのため、私の両親は、加害者側にいじめの責任を問うことも賠償させることもできず、まさに泣き寝入りであった。

2　統合失調症の深刻な症状

高校卒業をあきらめた両親は、兄を治療のため精神科に通院させながら、何とか職に就かせ社会復帰させようと考えた。そして、退学後1年もしないうちに、父の働きかけで兄は大手の製造工場に勤務することになった。今思えば働くのは性急すぎたのだろうが、親の世代の多くが世間体を気にする当時の社会では、親として必死の行動だったと理解している。

兄は元々生真面目なので働きぶりは最初順調に見えたが、周りとコミュニケーションが取れないことや病気の影響もあり、同僚たちからいじめとまではいかないが、徐々に疎まれるようになっていった。こうして再び高校時代と同様、職場でも人間関係のストレスをため込んでしまったようだ。2、3カ月経った頃から朝起きられなくなり、父が無理やり起こして自家用車で途中まで送っていく慌ただしい日々が続いた。

勤務をはじめて約半年後、兄はとうとう通うことができなくなり会社を辞めることになった。必死に頑張った父を責めるつもりはないが、この性急な社会復帰が、結果的に兄の病状をさらに悪化させてしまった可能性は高いと思う。

退職後、兄はひどい昼夜逆転の生活となり、みるみる家庭内暴力がひどくなっていった。私は高校生になり家から通学していたが、日中家にいて力的にも劣る母が兄のターゲットになってしまった。私が学校から帰宅した時、恐ろしい形相の兄が立っている横で母が座り込み、足にあざを作って泣いている光景を何度見たことだろうか。私もまだ子供だったので兄と時々喧嘩をして物を壊されることも何度かあったが、それは病気のせいでありどうしようもないことだった。やはり大人になってからわかったことだが、兄が家庭内で頻繁に暴れたのは、それまでずっといじめられ続けた抑圧の反動であり、それが自分より弱い人間に向かったからであった。

そんな地獄のような日々が続く中、兄の被害妄想がひどくなり、「俺の悪口を言っている奴がいる！」と、誰もいない道路に向かって石を投げつける事態となり、ついに両親は精神病院への措置入院という苦渋の決断をせざるを得なかった。

数か月後兄は退院し自宅に戻ってきたが、目に見えるような回復は見られなかった。年齢とともに徐々に暴力性は収まっていったものの、精神が不安定・興奮状態になると、母親にいつまでも当たり散らし、納得がいかなければ明け方まで寝かせないといった昼夜逆転の生活が続いた。

我が家はそんな状況ではあったが、私は両親の支援もあり大学進学を目指し、一年浪人後に無事合格することができた。この時から私は家族と別居することになったのだが、次の親の言葉が後々尾を引くことになるのである。

「兄のことは私らが面倒見るから心配するな。お前は自分のやりたいことをやれ」

当時は深く考えていなかったのだが、「自分が実質的な長男であり、将来は親や兄の面倒を見る必要があるのではないか?」という疑問が頭の中にずっと残っていた。私が静岡県に戻りその後結婚する時も、

「お前やお嫁さんには兄のことで迷惑をかけないよ」

と両親は言ってくれたので、私は妻に絶対迷惑をかけないことを誓って結婚したのである。

結婚後、私は生まれ故郷に戻り新生活を始めたが、その間月1回程度、実家に顔を出しては、兄と当り障りのない雑談をしていた。

このような状況が10年、20年と続いたが、兄に回復の兆しはまったく見えなかった。身の回りのことすら自分一人で満足にできないわけだから、職につくどころの騒ぎではなかった。責任感の強い母は、兄から暴力・暴言を受け続けながらも、親として我が子の面倒を一生見ていこうと必死に頑張った。しかし、その贖罪意識により、世間から隔絶した母と兄2人だけの世界を作ってしまったことが、兄が他人との接触や施設での集団生活を拒むことにも影響を与えたようで、何ともいたたまれない気持ちになる。

そして転機が訪れたのは約10年前、父がガンで入院した時である。

父や母が亡くなった後、いったい誰が兄の面倒を見るのか――現実の問題が差し迫った時、その答えは私しかありえなかった。若い時に両親から「兄の面倒をみる」といわれた言葉に頼り、この時まで現実から逃避してきたことを後悔した。普通に考えれば年を取った親から先に

亡くなるわけだから、親が高齢者となった時の兄の世話について自分が若いうちから確認し、もし両親が兄の世話の具体的な道筋を立てていなかったら一緒に考え、時間をかけて準備しておかなければならなかったのだ。

危機感を持った私は直ちに行動を開始し、国や市の社会福祉制度を利用できるように、あちこち動き回った。もし、似たような境遇の方がいれば多少参考になるかもしれないので、以下、手続等の手順をまとめてみた。

①精神障碍者基礎年金関係
・10代で発病し入院したため、当時の入院先に診断（証明）書作成を依頼
・必要書類をそろえ、社会保険庁に精神障碍者基礎年金を申請
・承認され給付開始
②精神障碍者手帳の申請→承認され発給（二級→その後一級へ）
③精神障碍者自立支援医療受給の申請→承認され給付。合わせて、重度心身障碍者医療費助成金を受給
④市へ訪問介護を申請→審査→承認され、介護開始（週5回→6回へ）
⑤両親死亡後、転居（施設入所を拒絶→単身者用アパートへ）
⑥兄の毎月の生活費（部屋代・光熱費・食事代等）出納や支払い手続きの電子化

⑦訪問看護を申請→承認、看護開始（概ね週1回）

3　精神障碍者の日常生活

両親はすでに他界しているが、現在に至るまで私は兄と同居していない。仮に同居するとなれば、離婚するか最低別居しなくては際限なく妻を巻き込んでしまうからである。実際、妻には既に予期していなかった兄の世話の一部をしてもらっているわけで、これ以上の負担は絶対にかけられない。また、重度の精神障碍者を世話されている方にはわかってもらえると思うが、もし同居したら四六時中兄の言動に縛られ、自分の行動がどんどん制約されていくことになる。

しかも、私の場合は40年以上も兄と別居していたため、兄が今までどういう生活ぶりであったか詳細を把握しておらず、日頃の接し方や対処の仕方すらよくわかっていなかったのである。この免疫・知識がない状況で同居すれば、私自身が働くこともできなくなるか、考えたくはないが虐待してしまう恐れがあり、まさしく和田家の破滅につながる。

実は母の葬儀前日、兄の支度が大変と思い、私と妻も一緒に葬儀会館の同室で寝たのだが、兄の夜の奇異な行動のため、2人ともほとんど眠れなかったことがあった。この体験は、兄についてはは割切って社会福祉制度に助けてもらいながら、距離を置いて面倒を見ていかないと長続きしないことを私に教えてくれたのである。

このように私は兄と同居していないものの、数年前から生活のサポートをしている。本来なら介護施設等で面倒を見てもらう方が管理面・経済面でも安心なのだが、兄は、親と担当医以外ほとんど人と関わらないような、世間から隔絶した生活を何十年も送ってきたため、極度に集団生活を嫌がった。入所を勧めても頑として拒否され、私に対しても暴言を吐くなど険悪な状態になってしまったので、私のほうが折れて施設への入所を諦めるしかなかった。

現在、兄は1Kのアパートで何とか独居生活をしているが、ヘルパーによる1日1~2時間で週6日の訪問介護をはじめとする社会保福祉制度の助けがなければ、重度の精神障碍者（一級）の独居生活は不可能である。現在兄がどのような一人暮らしをしているのか、その生活の様子を紹介したい。

日常生活　飲食することやトイレで用を足すこと（失禁は時々ある）、テレビや電気のスイッチのオンオフ、電話をかけることなどは自分一人でできるのだが、顔を洗うこと、歯を磨くことはぎこちなくも何とかできる程度であり、髭剃り、シャツなどを着替えること、ボタンのかけ外し、持ち物確認など多くの身支度が、介護ヘルパーの補助なしではまったくできない。炊事・洗濯（電子レンジを使う、お湯を沸かしてお茶を飲んだりカップ麺を食たべりする、食器を洗う、洗濯機に衣類を入れ洗濯をする、洗濯物を干すなど）や、お湯を浴槽にためてお風呂に入る、体を洗う、ゴミ置き場にゴミを捨てに行く、といったこともまったくできない。このため、介護ヘルパーが曜日ごとに、炊事、洗濯、掃除、風呂、髭剃り、買い物などを分担してくれている。また散髪は、私が直接訪問理容業者に頼み、2、3カ月に一度アパートに来てもらっている。

外出・通院　ドアの施錠開錠は何とかできるため、徒歩なら一人で外出することはできる。ただ、統合失調症特有の視野狭窄的なところがあり、熟知した道や場所でなければ目的地へ行くことも帰宅することもできなくなる（知らない道では迷子になる確率が高く、実際に警察の保護を受けたこともある）。通院時（月2回）は電車を利用するため、往路だけ介護ヘルパーが同行している（電車なら駅員の協力で障碍者パスを使えるが、バスは整理券、支払いの流れについていけず、乗ることができない）。また、徒歩5～6分の距離にある近くのコンビニへ買い物に行くことが毎日の楽しみとなっている。通院帰りに馴染みのデパートにも立ち寄ることがあるが、その他の場所へは一切行かない（行けない）。

金銭管理　朝食代・雑費として定期的にお小遣いを与えており、お金の価値は理解でき、金額の簡単な計算もできるのだが、計画的に配分して使うことができない。何度注意しても前半でお金を使いきってしまい、後半はなくなってしまうことの繰り返しで、学習効果はまったく見られない。その理由に、コンビニへ行くこと自体が目的化した日常習慣が出来上がってしまったことがある。買う必要のあるなしではなく、パン、まんじゅう、ノート、ボールペンという決まった商品を、残金の額に関係なく、毎日行く度に買ってきてしまうのである。

私が兄の通帳を預かり、部屋代、光熱費、弁当代、国民保険料、病院診察代・薬代、床屋代、お小遣などすべての経費と郵便物の管理を行っている。そんな中で今困っているのは電気代である。特にエアコンは常につけていないと落ち着かないようで、何度節約を頼んでも話は通じず、1日24時間、年365日ほぼつけっ放しである。おかげで特に夏や冬の電気代は月1万5000円を軽く超えてしまう。また、年金受給手続きや障碍者手帳をはじめとする各種制度の申請、国民保険料、弁当代、部屋代、光熱費などの振り込みや自動引き落とし手続きについても、すべて私と妻が行っている。そのため、毎月銀行や市役所などへ足を運ぶことになる。

コミュニケーション　「明日の天気は、ヘルパーの○○さんです」というように支離滅裂なフレーズの会話が目立ち、言葉（発音）が全体的にはっきりしない。また自分が話そうとした時には、相手の話はまず聞いていない。こだわりを持つ（型にはまった）話題を毎回のように繰り返して話すことが多く、特に必要がないのに同じ人や店へ、同じ内容の電話を毎日のようにかけたりする。また、泣き声になったかと思うと、怒ったり馬鹿笑いをしたりして躁鬱の起伏が激しい傾向も見られる。

とにかく兄は、日常習慣化したスケジュールをわずかでも変更することを極度に嫌がり不安も増すようだ。例えば訪問ヘルパーのローテーションをちょっと変更するだけでも不機嫌になり、なかなか納得してくれないので、ヘルパーさんも私も説明の仕方には大変気を使う。

このような状況で、兄が独居生活を続けられるのはまさに奇跡的だと思えるのである。実際、兄の生活が成り立っているのは、訪問介護ヘルパーだけでなく、市役所（障害福祉グループ）、市の相談員、主治医（精神科）、妻など、多くの方々の理解と支援があるからだ。そしてこういった協力が得られる前提として、国・地方の社会福祉制度を最大限活用させてもらっていることが大きい。私は、国民・市民の税金で兄が面倒を見てもらっていることへの感謝の気持ちを、執筆・講演活動などを通して、少しでも社会に恩返ししたいと思っている。

今は私が兄のところへ定期的にお小遣いを持っていきながら様子を見ているが、脳のダメージなどで思考力・判断力などが幼稚園児レベルになってしまっており、何か約束をしてもほとんど守ってもらえないため、正直怒りを感じることもある。

そんな時ふと思い出すのが、兄は順調に小中学校を卒業し、高校受験に合格する十分な学力・知能を持つ、れっきとした健常者であったという事実である。トラブルになる度、かつての見えない加害者に向かって、「よくも兄を一生取り返しがつかない体にしてくれたな、兄の人生を返せ！」と叫びたくなるのだが、時計は過去に戻らない。しばらくしてまた冷静になり、「兄が和田家の不幸を一身に背負ってくれたのだ」と自分に言い聞かせ、地道にできることをサポートしていくしかないと思い直すのである。

本人が独居生活を望んでいるため、今後は可能な限り今の生活が維持できるように、定期的な訪問と生活管理を続けていくつもりだが、以下の点で心配はつきない。

65歳になった時点で老人ホームへ移ることは可能なのだろうが、一番の問題は、兄自身が施設での集団生活を極度に嫌がっていることである。歳とともに病状・健康状態が悪化し、独居生活が難しくなる中、入院措置（保護）も含め、一体どのようなサポートが可能なのか？

国から障碍者年金をいただき本当に助かっているが、独居生活のため毎月の家計（住居費・光熱費・食費・医療費等）は赤字である。母の遺産を少しずつ切り崩しながら生活費を補っているが、果たしてどこまで続けられるのか？

4　兄のいじめ被害から思うこと

なぜ兄はいじめによって、一生回復不可能なほどひどいダメージを受けたのだろうか。

いじめの被害を受けた要因としては、兄が学校で割と勉強ができたため妬みをかったが、無口で大人しく友達がほとんどいなかったこと、悪っぽい生徒も一定数いる男子校だったこと、担任教師の観察力・情報収集力があまりにも乏しかったことなどが考えられるが、それだけでは、これほどまでひどい統合失調症にはならないであろう。そこで考えられるのは、「いじめられた期間の長さと、もともと持っていた兄の性格・気質との相乗効果が大きいのではないか」ということである。

前述のように、中学時代既に強迫神経症的な行動が見られたことから推測すると、中学校でも2~3年いじめを受け続けていた可能性が考えられる。普通なら、いじめがある程度の期間続くかエスカレートした時点で、被害生徒は耐えきれなくなって友達に相談するとか、先生・親に助けを求めるとか、あるいは登校そのものを拒否するような防衛行動をとるはずだが、兄はそういったストレス解消法が全くとれなかった。生真面目で大人しく無口なため、打ち明けられる友人もなく、ずっと一人で抱え込み我慢してしまうという気質が災いしてしまったのだと思う。こうして中学校で受け続けたストレスを、高校で受けたいじめがさらに増幅させ、統合失調症への扉を開いてしまったのではないだろうか。

もちろん、いじめた人間が一番悪いし、中学・高校の担任や同級生達にも、兄へのいじめがエスカレートした責任の一端はあるだろう。しかし世の中には、いくら真面目に過ごしていても不運が重なるような、理不尽極まりないことも起こりうる。私は兄のような回復不可能なダメージを受ける被害をなくすためには、早期発見と予防の両面からの対策が必要だと思う。

具体的には、教師や保護者などが、観察力、洞察力、情報収集力を高め、初期の段階でいじめを発見し、迅速に対処できるようにすると共に、兄のように「絶対的いじめ被害者」になりやすい大人しく生真面目で抱え込む性格の子供達を、幼児期から適性テストや性格検査、カウンセリング、日常観察などを通して予め把握しリストアップしておくことである。そして該当する子供達に、長い年月をかけてストレス・悩みの解消方法などを身につけさせ、自己防衛策を徹底していくことが、いじめの克服やダメージの軽減につながるはずである。

結局のところ、兄は勉強、趣味、勤労、結婚、子供など、多くの人々が経験するような幸せな人生を全く知らないまま、一生を終えることになりそうである。私は兄の悲劇を通して、いじめが人の一生を台無しにすることもあると胸に刻み、いじめの早期発見や解決のための提言を行うとともに、子供達が理不尽なことにも屈せず、いじめに打ち勝ち克服できる強い精神力を身につけられるような教育にも力をいれていきたい。

第２章

いじめに関する７つの誤解

兄を通していじめがいかに被害者の人生を台無しにし、家族への負担を強いているのかを述べてきたが、実は毎日のように発生しているいじめ全体（平成27年度報告で約22万５０００件）からすれば、兄のように重度のダメージを受けるケースの発生頻度は低く、極めて特殊な事例といえる。そこでこの章では、全国に蔓延するいじめの全体像に焦点を当て、長年にわたるマスコミの過熱報道や一部有識者の発言などにより、不安を煽られた国民のいじめに対する認識が、いかに学校現場の実態と乖離してしまったのか、まずは７つのフレーズについて説明していきたいと思う。

1 「いじめは根絶しなければならない」

まっとうな人間なら誰しもが思うことである。しかし、現在教育行政や有識者間で定義づけられているような、からかいや仲間外れ・無視のレベルまでを一律に「いじめ」と解釈するなら、残念ながら根絶は不可能である。

私達はこの手のいじめを、生まれてから一度もしたことがないと断言できるだろうか？　おそらくこの問いにはっきりＹＥＳと答えられる人はほとんどいない。いじめは人間に備わっている感情表現に関わり、誰にでも付随している本能的な行為（時には無意識に行われる）と捉えることができるからだ。実際、犯罪に至らないようなからかいや仲間外れ、陰口といった出来事は私達の周りで日常的に発生しており、大人社会で問題視されるセクハラやパワハラもいじめの一種といえる。

文科省をはじめとする教育行政機関が、これまで熱心にいじめ防止に取り組んできたにもかかわらず、最新の文科省いじめ調査（平成27年度分集計）結果によれば、実際に報告があった件数（認知件数）だけでも全国で年間約22万件以上になっており、いじめを認知した学校は62％にのぼる（表1）。さらに、実際はその数倍以上のいじめが発生しているとする見方があるが、確かにいじめは教師（大人）に気付かれないように行われることが多いから、あながち大げさとは言えないのではないだろうか。

それを裏付けるような統計がある。『平成26年版子ども・若者白書』（内閣府）の追跡調査によれば、典型的ないじめ行為である「仲間はずれ・無視・陰口」について、小学校4～6年生の被害経験は、男女とも約50％前後を占め（図1）、9年間ほぼ同程度で推移していることから、内閣府は、いじめが常に起こっているものと分析している。さらに同行為について、小学校4年からの6年間の状況を見ると、被害経験がまったくなかった者は13・0％に過ぎない一方で、加害経験がまったくなかった者も12・7％しかいなかったのだ（図2）。そして4割前後の子供が、6年間で被害・加害とも6回以上経験しているという、驚くべき結果が報告されている。

つまり、多くの児童生徒は、交通事故に遭遇するよりはるかに高い、年中行事に接するほどの頻度で、いじめたりいじめられたりしているのである。このような常態化してしまっている

表1　いじめの認知学校数・認知件数

区　分		学校総数：A（校）	認知した学校数：B（校）	比率：B/A × 100（%）	認知件数：C（件）	1校当たりの認知件数：C/A（件）	認知していない学校数：D（校）	比率：D/A × 100（%）
小学校	国立	72	49	68.1	762	10.6	23	31.9
	公立	20302	12626	62.2	149516	7.4	7409	36.5
	私立	227	92	40.5	912	4.0	131	57.7
	計	20601	12767	62.0	151190	7.3	7563	36.7
中学校	国立	77	60	77.9	437	5.7	17	22.1
	公立	9668	7127	73.7	56952	5.9	2462	25.5
	私立	791	384	48.5	2033	2.6	371	46.9
	計	10536	7571	71.9	59422	5.6	2850	27.1
高等学校	国立	19	6	31.6	12	0.6	13	68.4
	公立	4169	2255	54.1	9714	2.3	1911	45.8
	私立	1523	621	40.8	2928	1.9	875	57.5
	計	5711	2882	50.5	12654	2.2	2799	49.0
特別支援学校	国立	45	7	15.6	26	0.6	38	84.4
	公立	1054	299	28.4	1244	1.2	753	71.4
	私立	13	2	15.4	4	0.3	11	84.6
	計	1112	308	27.7	1274	1.1	802	72.1
計	国立	213	122	57.3	1237	5.8	91	42.7
	公立	35193	22307	63.4	217426	6.2	12535	35.6
	私立	2554	1099	43.0	5877	2.3	1388	54.3
	計	37960	23528	62.0	224540	5.9	14014	36.9

（注1）いじめの定義
本調査において、個々の行為が「いじめ」に当たるか否かの判断は、表面的・形式的に行うことなく、いじめられた児童生徒の立場に立って行うものとする。「いじめ」とは、「児童生徒に対して、当該児童生徒が在籍する学校に在籍している等当該児童生徒と一定の人的関係のある他の児童生徒が行う心理的又は物理的な影響を与える行為（インターネットを通じて行われるものを含む。）であって、当該行為の対象となった児童生徒が心身の苦痛を感じているもの。」とする。なお、起こった場所は学校の内外を問わない。

（注2）調査対象は国公私立小・中・高等学校及び特別支援学校。中学校には中等教育学校前期課程を、高等学校には中等教育学校後期課程を含む。高等学校の全定併置校や通信制併設校等は、全日制、定時制、通信制それぞれの数値を合計したもの。

（注3）学校総数は、高等学校の全定併置校は全日制、定時制をそれぞれ１校（計２校）として計上し、学校基本調査の数値と一致しない。

（注4）休校等の学校があるため、認知した学校数と認知していない学校数の合計は、学校総数と一致しない。

図1　小学校における被害経験率の推移

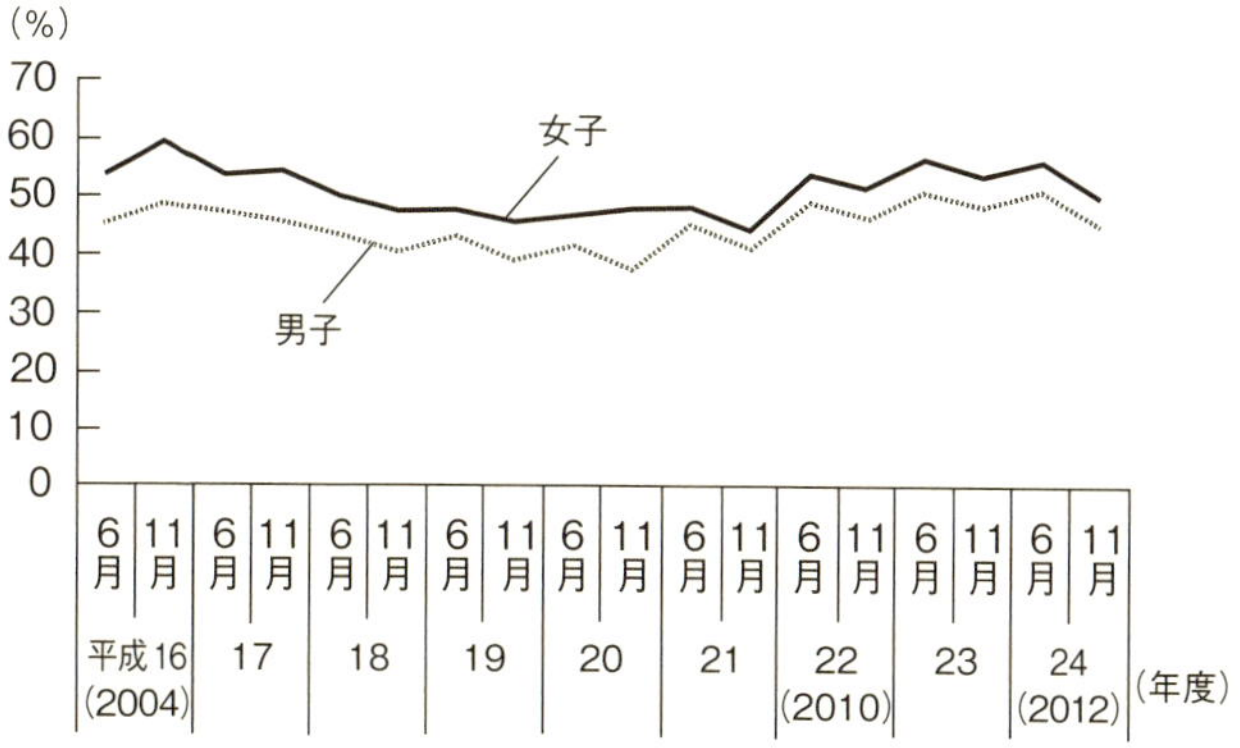

図2　平成19（2007）年度の小学4年生が中学3年生になるまでの6年間12回分の「仲間はずれ・無視・陰口」経験（週1回以上）

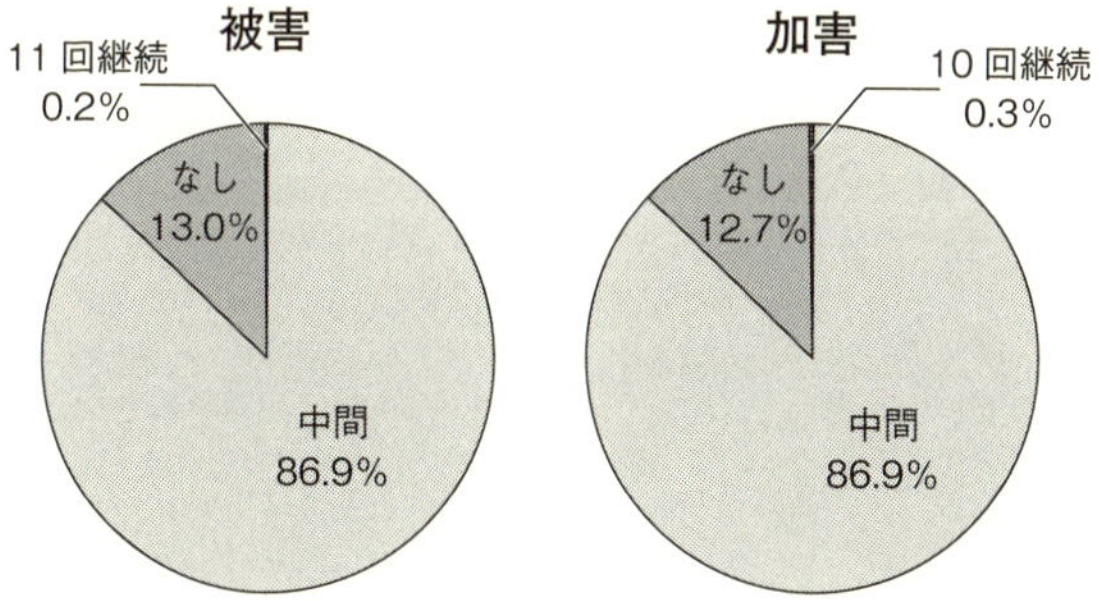

現実と、いじめが人間の本質・本能に基づく行為であることを踏まえれば、根絶は不可能であろう。

もし、文科省・教育委員会の指導を受け、学校評価目標に「いじめの根絶」を掲げ、「いじめのない学校」を完全達成しようと躍起になれば、児童生徒に対して極度の管理・監視を徹底することになる。そうなれば、確かに校内では表面上いじめの被害は見えなくなるかもしれないが、それはいじめが姿形を変えて水面下に潜ったのであり、人間関係を壊したり、極度にストレスを溜め込んだりする子供達が増えることが予想される。また、学校が外部評価を気にして、数字上のゼロをめざすことに躍起になれば、いじめの判断基準を相当に甘くするとか、報告時にデータを一部改ざんしてしまう恐れもある。

ただ、第3章でも述べるが、文科省は「いじめをなくす！」といいながら、一方では各教育委員会・学校に「いじめを隠すな、包み隠さず報告せよ！」と指導を徹底し、都道府県間の認知（発見）率競争を半ば煽るという支離滅裂なことをしている。しかも報告を徹底したところで、文科省はいじめの根絶のため個々の事案に逐一対処してくれるわけでもない。

いずれにしても、文科省はいじめが潜在的に習慣化していることを自覚していながら、「いじめをなくす（禁止する）」と法律で明文化してしまったことにより、下部機関である教育委員会や学校に対し、この達成不可能な取組みをいじめ的に押し付けているのは、まことに皮肉なことである。

2 「児童生徒の自殺は、いじめが原因である可能性が高い」

最近は子供の自殺がいったん明るみにでると、マスコミが判で押したように「いじめはなかったのか?」と、すぐに自殺といじめとの因果関係を調査し、何としても自殺の理由を解明しようと学校を徹底的に追及する。さらに、世論がその流れに乗り「子供の自殺を二度と繰り返させるな!」と、大騒ぎするわけである。こんな過熱報道を目の当たりにすれば、誰もが「子供(小中高生)が自殺するのはいじめが原因だろう」と受け止めるようになる。

しかし、文科省統計(平成27年度集計)によれば、いじめを原因とする自殺の割合はわずか4・2%(9人)であり、家庭不和(10・7%)、進路問題(12・1%)のほうが、明らかに多い結果となっている(**表2**)。

ただ、中学生は8・9%(5人)と高校生より高く、いじめが低年齢ほどダメージを与えやすい点や、理由不明の割合が中学、高校とも約50%あるので、いじめによる自殺の実際割合が、この数値より多少高くなることは予想できる。

一方、平成27年の警察庁統計でも、全国の自殺者2万4544人のうち、原因・動機が特定できない人が6573人(26・8%)いるが、その理由として、やはり原因不明や複合的要因が示されている。

表２　自殺した児童生徒が置かれていた状況（国公私立）

項目＼校種	小学校 人数（人）	小学校 構成比（%）	中学校 人数（人）	中学校 構成比（%）	高等学校 人数（人）	高等学校 構成比（%）	計 人数（人）	計 構成比（%）
家庭不和	1	25.0%	4	7.1%	18	11.7%	23	10.7%
父母等の叱責	0	0.0%	5	8.9%	12	7.8%	17	7.9%
学業等不振	0	0.0%	5	8.9%	12	7.8%	17	7.9%
進路問題	0	0.0%	4	7.1%	22	14.3%	26	12.1%
教職員との関係での悩み	0	0.0%	1	1.8%	0	0.0%	1	0.5%
友人関係での悩み（いじめを除く）	0	0.0%	8	14.3%	6	3.9%	14	6.5%
いじめの問題	1	25.0%	5	8.9%	3	1.9%	9	4.2%
病弱等による悲観	0	0.0%	0	0.0%	6	3.9%	6	2.8%
えん世	0	0.0%	5	8.9%	10	6.5%	15	7.0%
異性問題	0	0.0%	3	5.4%	4	2.6%	7	3.3%
精神障害	0	0.0%	3	5.4%	17	11.0%	20	9.3%
不明	2	50.0%	30	53.6%	86	55.8%	118	55.1%
その他	0	0.0%	4	7.1%	7	4.5%	11	5.1%

（注１）調査対象：国公私立小・中・高等学校
（注２）複数回答可とする。
（注３）構成比は、各区分における自殺した児童生徒数に対する割合。
（注４）当該項目は、自殺した児童生徒が置かれていた状況について、自殺の理由に関係なく、学校が事実として把握しているもの以外でも、警察等の関係機関や保護者、他の児童生徒等の情報があれば、該当する項目を全て選択するものとして調査。
（注５）それぞれの項目については、以下の具体例が参考。

①家庭不和：父母や兄弟等との関係がうまくいかずに悩んでいた。等
②父母等の叱責：父母等から叱られ落ち込んでいた。等
③学業等不振：成績が以前と比べて大幅に落ち込んでいた。／授業や部活動についていけず悩んでいた。等
④進路問題：卒業後の進路について悩んでいた。／受験や就職試験に失敗した。／面接等で志望校への受験が困難である旨を告げられた。等
⑤教職員との関係での悩み：学級担任との関係がうまくいかずに悩んでいた。／教職員から厳しく叱責を受けていた。等
⑥友人関係での悩み（いじめを除く）：友人とけんかをし、その後、関係がうまくいかずに悩んでいた。／クラスになじむことができずに悩んでいた。等
⑦いじめの問題：いじめられ、つらい思いをしていた。／保護者から自殺した児童生徒に対していじめが あったのではないかとの訴えがあった。／自殺した児童生徒に対するいじめがあったと他の児童生徒が証言していた。等
⑧病弱等による悲観：病気や病弱であることについて悩んでいた。等
⑨えん世：世の中を嫌なもの、価値のないものと思って悩んでいた。等
⑩異性問題：異性問題について悩んでいた。等
⑪精神障害：精神障害で専門家による治療を受けていた。等
⑫不明：周囲から見ても普段の生活の様子と変わらず、特に悩みを抱えている様子も見られなかった。等

つまり、子供に限らず、自殺は様々な要因が複合的に絡んでいることが多く、さらに、原因そのものに触れることがタブーであったり、原因不明のケースもあったりするので、自殺の実態を正確につかむことは不可能なのである。したがって、統計数値を鵜呑みにはできないものの、子供の自殺が起こるとすぐにいじめとの関連を疑うマスコミや世論の感覚と、実態（現実）とのギャップが大きいこともわかると思う。

そして忘れてはならないことは、大人も子供も、自殺の本当の理由は亡くなった本人にしかわからないことである。本人がこの世にいない以上、いくら詳しく調べたところで、本人の言葉や記録、行動、周りの証言などから推察するしかないのだ。だから調査結果では、考えられる原因が3つも4つもあったり、ほとんどわからなかったりするケースが意外に多く見受けられるのである。

自殺統計の謎

ところで、文科省と警察庁の統計を比較すると、子供の自殺数で大きな差が見られる。児童生徒（小学・中学・高校生）の自殺者数は、文科省統計では214人だが、警察庁統計では349人と、実に135人もの差がある（厳密には集計期間が3カ月ずれている）。

文科省統計は「学校から報告のあったもの」の集計なので、マスコミ・有識者などからすれば、「学校が不都合な自殺を隠蔽しているのではないか？」と疑いを抱きたくなるだろう。しかし、これほどいじめによる自殺が過熱報道される時代に、全体の約4割にあたる135人もの数を学校が隠蔽するとか、ほとんどがいじめによる自殺と決めつけるのは、先ほどの統計結果から見ても無理がある。仮に保護者が自殺原因としていじめを疑った場合、学校の対応に疑問や不満があれば、遠慮なく教育委員会などに訴えるだろうし、公にしてまで断罪したいなら、自らマスコミに働きかけるかもしれない。そう考えると、学校が自殺を知りながら、保護者の意に反してまで文科省への自殺報告を伏せ、内密にすることは極めて大きなリスクだといえる。

ではこの大差の原因は何か？　おそらく学校も保護者も、自殺というセンセーショナルな出来事を、大事にしたくないという心理が働いているのではないだろうか。したがって文科省に自殺の報告が上がらない理由は、次の3つが考えられると思う。

①校外でおきた自殺を保護者が学校に報告せず、死亡理由が自殺とは知らないから
②保護者が自殺として報告・公表しないように学校へ頼んだから
③保護者にいじめが原因の自殺という認識はなく、学校もいじめを把握しておらず無過失との認識であり、両者が相談して非公表としたから

①（②）について、親の立場になって考えれば、自殺の理由が学校の人間関係ではないことがわかっていたら、自殺の理由どころか自殺したこと自体も、身内以外には知られたくないと

考えたとしても不思議はない。ひょっとしたら、先生や生徒達に余分な詮索をしてほしくない家庭の事情があるかもしれないのだ。その場合、学校には不慮の事故死・突然死という形で報告することになるだろう（実際に私は公立高校で見聞きしている）。

③は確かに隠蔽のグレーゾーンである。過去には、自殺後しばらくたってからいじめとの関連が取りざたされ、報道に至った事例があったが、これは③のようなケースにおいて、後になって保護者がいじめの事実を知ったような場合と考えられる。そう考えれば、自殺の報告がされなかった135人の中の何人かは、いじめが自殺に関係しているのかもしれない。しかし、先述のように、世間のいじめへの関心は相当に高いから、もしいじめの事実があれば、死亡を知らされた直後同級生や友達とその保護者、他の教師などから、学校管理職や自殺した子供の保護者にその情報が入る可能性が高い。その状況で、学校がいじめを知っていながら意図的に自殺を隠蔽する可能性は低いと思われる。

少し視点を変えるが、全国で年間約2万2000人（平成28年）もの多くの人間が自殺する状況にありながら、その圧倒的多数を占める大人に関して、いじめ・パワハラの類を原因とした自殺が報道されるケースは、極めて少ないと感じないだろうか？　確かに大人は子供より精神的に強く、いじめと同類の行為が原因とされる自殺は少ないかもしれないが、仮に全体の数%程度だったとしても年間では1000人以上、毎日平均で3人がいじめの類で亡くなっていることになる。ところが、私達はそのような頻度で自殺のニュースを見聞きすることはなく、新聞・テレビ報道と実態は、明らかにかけ離れている。大人と子供の間でこのような大きなギャップが生じる理由は、いじめの類による大人の自殺を意図的に報道しない（重視していない）か、児童生徒のいじめに関連した自殺だけに関心が高いために結果的に報道率が突出しているか、のどちらかとしか考えられないだろう。

3 「いじめは犯罪だから法制強化し、厳正に対処する」

いじめの実態や実数がつかみにくくなった大きな理由として、毎年教育委員会が学校に実施している「児童生徒の問題行動（触法・ぐ犯行為）とその懲戒指導（謹慎等）に関する調査」における分類方法の変更がある。

以前は児童生徒の問題行動を種類分けする時に、「いじめ」という項目はなく、暴行、恐喝、窃盗、万引き、家出など具体的な行為により分類されていた。しかし、近年は人間関係のある児童生徒の間で発生した問題行動は、大半が事の軽重に関わらず「いじめ」という項目で一括りにされ、これまで少年の重大犯罪とされた暴行傷害なども、「いじめ」というフレーズに単純化して報道されることが多くなった。

一口に「いじめ」といっても、小学校低学年児童が同級生をからかい、その場で先生が注意して仲直りするようなケースから、長年にわたって生徒の身体・精神の自由や財産を奪い続ける凶悪犯罪まで、実に多岐にわたっている。これらをすべて「いじめ」というワードで一緒くたにしたため、かえって問題行動の詳細や被害の実態がわかりにくくなってしまったのだ。

暴行傷害や恐喝は明らかに刑法に触れる犯罪行為であるが、2011年に起こった大津の中学生自殺事件は、まさしくこれに当てはまると思う。この事件は直ちに警察が「凶悪犯罪」として対処するべき事案であり、「いじめ」という括りで説明するような事件ではない。実際、この事件に限らず、これまで衝撃的な子供の自殺が明るみに出るたびに、マスコミや有識者などが行為の種類、頻度、軽重などにはほとんど触れず、「いじめによる自殺」をあまりにも強調し、過熱報道を幾度となく繰り返してきた。このため、からかいや無視など学校生活で日常的に起こるような行為まで、いじめ＝犯罪という誤解が生じてしまい、多くの保護者や市民が、「いじめ」と聞くだけで過敏に反応するようになってしまった。

確かに、いじめが犯罪につながるケースは一定割合あり、私も何度か対処したが、改正された定義でかなり広範囲まで認定されるようになった「いじめ」のうち、触法行為に至るものはかなり少ない。最新の文科省統計（平成27年度）によれば、犯罪に当たると思われる行為（暴行、傷害、金品強要、窃盗、器物破損等）は15％前後であった。つまり大半のいじめは犯罪に至らない行為であり、多くは学校内や当事者（児童生徒・教師・保護者）間で解決可能なのである。一方で大津の事件のように、本来凶悪犯罪として直ちに警察に連絡し、逮捕してもらうべきケースが「いじめ」と強調されることで、学校内や当事者で解決ができると錯覚してしまう事態も起こりうる。

このように、「いじめは犯罪である」とか、逆に「犯罪ではない」と決めつけてしまうことは、事件の実態を見誤り、取り返しのつかない間違った対処方法を選択することにもなりかねないのである。

4 「いじめかどうかは被害者の判断による」

これはいじめの定義として明記されていることで、弱者救済の観点からも重要な考え方であり、まずは被害者の言い分に真摯に耳を傾けるのが基本姿勢として大切なことに疑う余地はない。

しかし、正義感から憤るあまり、常に訴え者（いじめ被害の当事者または第三者）の主張が100%正しいと決めつけないように注意しなければならない。実際教育現場で起こるいじめは複雑なケースが多く、犯罪には当たらない軽度ないじめはもちろんのこと、いじめに該当しない場合もある。さらに、被害妄想や相手を貶めるため虚偽の訴えを起こすケースもあり、実際に私は幾度もそういった難しい局面に遭遇した。また、逆に私の兄のように、どんなにひどいいじめを長い間受け続けても、訴えや相談どころか、ほとんど意思表示すらしない被害者もいる。

つまり、言い方は悪いが、いじめへの対処は、「言ったもの勝ち」にならないように、迅速性とともに、的確に事実を把握する慎重さや冷静さが必要なのである。

さらに、実際の学校現場では、「仲間外れ・無視・陰口」のような発生頻度の高いいじめについては、9割近くの子供が被害者にも加害者にもなっているわけだから、「絶対的いじめ被害者」という線引きもなかなか難しい。

特に身体的・物質的被害を伴わないいじめは、事実確認（真実の把握）が簡単にできないケースが多く、調査にかなりの時間と労力を要することになる。したがって報告が遅れがちになるのは、保身などによる隠蔽というより、慌てていじめの公表・報告をした場合、事実誤認などのリスクが大きいからである。加害者（とされる人物）も子供であるので、事実と異なる場合、学校は加害側の保護者から人権侵害や名誉棄損などの責任を問われる可能性があるため、対応が慎重にならざるを得ないのである。

5 「学校（教師）は、いちはやくいじめに気づくはずである」

現実問題として、学校現場でいじめの発見率を上げるのは並大抵のことではなく、100％の発見はまず不可能である。理由としては以下のようなものが挙げられる。

数的不利

担任教師は、1人で概ね30~40人の児童生徒を担当する。特に、中学・高校の場合は教科担任制なので、在校中にクラスの生徒と接する時間も限られる。そして、授業以外に様々な校務を抱える中では、どんなに優秀な教師でも、何十人もの児童生徒達を四六時中観察し、すべてのいじめの現場を押さえたり、いじめの兆候を察知したりすることはまず不可能である。

ちなみに文科省統計（平成27年度分）によれば、学級担任のいじめ発見率は、小学校12・4%、中学校11・0%、高校7・4%、特別支援18・7%となっている（表3）。

いじめの特性

子供は高学年になればなるほど、ある意味ずる賢さも身につけるため、学校でいじめをする時、教師に見られないように、また、気づかれないように行うケースは当然増えていく。そして前述の数的不利が相乗効果となって、ますますいじめを発見することが難しくなっていく。

学校（教師）と加害児童生徒との力関係

「いじめの現場は押さえられなくても、よく観察していれば、いじめを受けている子供のサインに気づくはずだ」という意見もよく聞かれる。確かに子供個々の特徴をしっかり把握し、日々こまめに観察している教師ならば、気づき率は上がると思うのだが、残念ながら飛躍的な

表3　いじめの発見のきっかけ

区分		小学校		中学校		高等学校		特別支援学校		計	
		件数（件）	構成比（%）	件数（件）	構成比（%）	件数（件）	構成比（%）	件数（件）	構成比（%）	件数（件）	構成比（%）
学校の教職員等が発見（A）	国立	507	66.5	260	59.5	4	33.3	21	80.8	792	64.0
	公立	104331	69.8	32839	57.7	6685	68.8	811	65.2	144666	66.5
	私立	433	47.5	1087	53.5	1797	61.4	2	50.0	3319	56.5
	計	105271	69.6	34186	57.5	8486	67.1	834	65.5	148777	66.3
(1) 学級担任が発見	国立	69	9.1	59	13.5	0	0.0	9	34.6	137	11.1
	公立	18604	12.4	6228	10.9	643	6.6	228	18.3	25703	11.8
	私立	106	11.6	279	13.7	292	10.0	1	25.0	678	11.5
	計	18779	12.4	6566	11.0	935	7.4	238	18.7	26518	11.8
(2) 学級担任以外の教職員が発見（養護教諭、スクールカウンセラー等の相談員を除く）	国立	4	0.5	16	3.7	0	0.0	0	0.0	20	1.6
	公立	1891	1.3	2910	5.1	382	3.9	79	6.4	5262	2.4
	私立	11	1.2	69	3.4	115	3.9	1	25.0	196	3.3
	計	1906	1.3	2995	5.0	497	3.9	80	6.3	5478	2.4
(3) 養護教諭が発見	国立	0	0.0	8	1.8	0	0.0	1	3.8	9	0.7
	公立	435	0.3	399	0.7	70	0.7	4	0.3	908	0.4
	私立	6	0.7	7	0.3	14	0.5	0	0.0	27	0.5
	計	441	0.3	414	0.7	84	0.7	5	0.4	944	0.4
(4) スクールカウンセラー等の相談員が発見	国立	0	0.0	2	0.5	0	0.0	0	0.0	2	0.2
	公立	271	0.2	142	0.2	12	0.1	0	0.0	425	0.2
	私立	4	0.4	11	0.5	4	0.1	0	0.0	19	0.3
	計	275	0.2	155	0.3	16	0.1	0	0.0	446	0.2
(5) アンケート調査など学校の取組により発見	国立	434	57.0	175	40.0	4	33.3	11	42.3	624	50.4
	公立	83130	55.6	23160	40.7	5578	57.4	500	40.2	112368	51.7
	私立	306	33.6	721	35.5	1372	46.9	0	0.0	2399	40.8
	計	83870	55.5	24056	40.5	6954	55.0	511	40.1	115391	51.4
学校の教職員以外からの情報により発見（B）	国立	255	33.5	177	40.5	8	66.7	5	19.2	445	36.0
	公立	45185	30.2	24113	42.3	3029	31.2	433	34.8	72760	33.5
	私立	479	52.5	946	46.5	1131	38.6	2	50.0	2558	43.5
	計	45919	30.4	25236	42.5	4168	32.9	440	34.5	75763	33.7
(6) 本人からの訴え	国立	86	11.3	87	19.9	5	41.7	2	7.7	180	14.6
	公立	22474	15.0	12510	22.0	1882	19.4	264	21.2	37130	17.1
	私立	199	21.8	469	23.1	681	23.3	1	25.0	1350	23.0
	計	22759	15.1	13066	22.0	2568	20.3	267	21.0	38660	17.2
(7)当該児童生徒（本人）の保護者からの訴え	国立	127	16.7	64	14.6	3	25.0	3	11.5	197	15.9
	公立	15822	10.6	7543	13.2	609	6.3	92	7.4	24066	11.1
	私立	238	26.1	319	15.7	244	8.3	1	25.0	802	13.6
	計	16187	10.7	7926	13.3	856	6.8	96	7.5	25065	11.2
(8) 児童生徒（本人を除く）からの情報	国立	32	4.2	20	4.6	0	0.0	0	0.0	52	4.2
	公立	3967	2.7	2550	4.5	365	3.8	42	3.4	6924	3.2
	私立	22	2.4	94	4.6	137	4.7	0	0.0	253	4.3
	計	4021	2.7	2664	4.5	502	4.0	42	3.3	7229	3.2
(9) 保護者（本人の保護者を除く）からの情報	国立	10	1.3	6	1.4	0	0.0	0	0.0	16	1.3
	公立	2454	1.6	1215	2.1	116	1.2	21	1.7	3806	1.8
	私立	20	2.2	57	2.8	53	1.8	0	0.0	130	2.2
	計	2484	1.6	1278	2.2	169	1.3	21	1.6	3952	1.8
(10) 地域の住民からの情報	国立	0	0.0	0	0.0	0	0.0	0	0.0	0	0.0
	公立	140	0.1	93	0.2	9	0.1	3	0.2	245	0.1
	私立	0	0.0	2	0.1	2	0.1	0	0.0	4	0.1
	計	140	0.1	95	0.2	11	0.1	3	0.2	249	0.1
(11) 学校以外の関係機関（相談機関等含む）からの情報	国立	0	0.0	0	0.0	0	0.0	0	0.0	0	0.0
	公立	256	0.2	130	0.2	33	0.3	7	0.6	426	0.2
	私立	0	0.0	3	0.1	10	0.3	0	0.0	13	0.2
	計	256	0.2	133	0.2	43	0.3	7	0.5	439	0.2
(12) その他（匿名による投書など）	国立	0	0.0	0	0.0	0	0.0	0	0.0	0	0.0
	公立	72	0.0	72	0.1	15	0.2	4	0.3	163	0.1
	私立	0	0.0	2	0.1	4	0.1	0	0.0	6	0.1
	計	72	0.0	74	0.1	19	0.2	4	0.3	169	0.1
計（C）	国立	762	100.0	437	100.0	12	100.0	26	100.0	1237	100.0
	公立	149516	100.0	56952	100.0	9714	100.0	1244	100.0	217426	100.0
	私立	912	100.0	2033	100.0	2928	100.0	4	100.0	5877	100.0
	計	151190	100.0	59422	100.0	12654	100.0	1274	100.0	224540	100.0

（注1）「学校の教職員等が発見」か「学校の教職員以外からの情報により発見」のいずれかを選択し、その内訳についても該当するものを一つ選択している。

（注2）構成比は、国公私立それぞれの「計（C）」における割合。（1）から（5）の構成比の合計は（A）の構成比に等しい。（B）と（6）から（12）も同様。

高まりまでは期待できない。世間一般には「大人である教師は児童生徒よりも強く、権力がある」と思われているようだが、教師と児童生徒の関係は、そんなに単純な構図ではない。

まず、学校（教師）がいじめを把握できるケースを挙げてみると、

①教師がいじめの現場を押さえる
②教師がいじめの兆候に気づき、本人や周りから確認する
③被害者本人から教師に訴えがある
④周りの児童生徒（同級生・部員・友人など）から教師に訴えがある
⑤アンケート調査結果から聴取し確認する
⑥保護者・親族から学校に訴えがある
⑦第三者（匿名含む）から学校に通報・メール等が入る
⑧ネットパトロールなどを通して学校がいじめを把握する

となるだろう。このうち学校（教師）の早期発見と関連するのは、①②⑤⑧で、③④も学校の体制により高まる可能性はある。ただ、③④については、児童生徒達に「学校（教師）が必ずいじめを解決してくれるはずだ」という信頼感がなければ、なかなか直接訴えては来ないだろう。先ほどの文科省統計（表3）によれば、被害者本人からの訴えは全体の認知数に対し、

小学校15・1％、中学校22・0％、高校20・3％、特別支援校21・0％、本人以外の児童生徒からの訴えは、小学校2・7％、中学校4・5％、高校4・0％、特別支援校3・3％と、低く留まっている。

⑤のアンケート調査からの発見は、実は同じ文科省調査（表3）において、高い発見率が示されている。小学校55・5％、中学校40・5％、高校55・0％、特別支援校40・1％と、いかにも実施した文科省が喜ぶような結果であろう。しかし、詳しく調べてみると腑に落ちない点がある。文科省統計では認知件数すべてについて誰に相談したのかを分類しているが、学級担任が圧倒的に多く、小学校75・8％、中学校74・4％、高校62・9％、特別支援校73・5％となっている。先ほどの説明で、担任の発見率は1割前後であったから、アンケート調査でいじめを認知した担任等が、主導的に該当児童生徒を面談・聴取するようなかたち、すなわち児童生徒の受動的な相談が多い実態が浮かび上がってくる。

私にも経験があるが、被害が疑われる生徒を実際に聴取してみると、「記載した言動はすでになくなって（解決して）いる」「気にしていない」「いじめとは思っていない」という生徒が大半であった。どの学校でも似たような状況にあるのか、同じ文科省統計における、既にいじめが解消している件数の割合が、全国平均88・6％であることが、それを反映しているのではないだろうか。

それでも、自分からはなかなかしゃべれず、「アンケートを通して先生に気付いてほしい」

という児童生徒は確かにいると思う。しかし、非常に深刻ないじめ被害を受けているならば、中途半端なアンケートで意思表示することより、エネルギーのある児童生徒は、自分から何らかの方法で訴えや相談をするだろうし、逆に逆らう力を一切奪われている子供は、相手の仕返しを恐れ、何も気づかれないように一切記載しないのではないだろうか。

では、⑧のネットパトロールはどうだろう。確かにSNSなどによるいじめの情報収集力は、昔と比べ格段に進歩したと思う。同じ文科省統計のいじめの態様区分において、高校生はネット関係が2番目に多い（18・7%）ことからも明らかである。しかし、ネット上でいじめを発見し、被害者からも事実確認できたとしても、実際に学校（教師）が加害者にいじめを認めさせ、再発防止の指導や懲戒を行うといった解決に至るためには、クリアすべき幾つものハードルがある。

まずは「いじめ加害者の特定」である。個人情報保護の進む現代社会では、すぐに加害者を特定することが難しい状況がある。本名や具体的所属名、明瞭な写真などがネット上に掲載されていれば特定できる可能性は高まるが、周りにばれないように行うのがいじめであるから、ハンドルネームやニックネームで投稿していて、本人を特定できるような具体的な証拠がネット上に残っていなければ、管理人やサイトがどこまで個人情報を教えてくれるのかはケースバイケースであり、加害者を特定するのにかなり手間取る恐れがある。

2つめのハードルは「いじめの事実認定」である。ネット掲載情報では、物的証拠や具体的な行為がわかりにくいことが多く、いじめの判断材料となる文言も、追及を察知した加害者に削除される可能性がある。もし学校が元データの開示を管理人に要求しても、よほどの緊急性がない限り、先ほどの「個人特定」同様、応じてくれる可能性は高くないだろう。

3つめのハードルは「加害児童生徒や保護者の承認・納得」である。個人の特定やいじめの具体的証拠が提示できなければ、加害者側が正直に打ち明ける良心に期待するしかなく、もし本人・保護者とも認めなければ、いじめ問題は暗礁に乗り上げることになる。

このように、ネットパトロールによっていくら発見が早くても、解決するまでにかなりの時間を要するケースが多いと予想される。

そして、特に①〜⑤、⑧のケースに当てはまるのだが、「教師がいじめを発見しても、仲裁や指導が思うようにできない」「教師がいじめの兆候に気付いても、当事者からなかなか事実認定ができない」「教師が被害者からいじめの相談を受けても、なかなか問題を解決できない」などのように教師自身の指導力や解決能力が乏しければ、いじめを把握・解決できる頻度は一気に下がる。

クラスや部活の担任教師がこのような状況なら、子供達は「どうせ先生に訴えても無駄だ!」と悟ってしまう。実際、教科指導が上手で人間的にも優れ、保護者に評判の良い教師の中にも、生活指導が苦手であるがために子供のわがままを抑えられず、やりたい放題にしてしまうなど、俗に言う「なめられてしまう」先生が一定割合はいる。それは、弱者である子供の人権や個性が大切にされる現代では、ちょっとわが子が嫌な思いをしただけでも、すぐに保護者などから教育委員会等の外部機関に苦情が寄せられるため、教師は厳しく強制的な指導をしづらくなるからである。すると子供達は一部の問題児リーダーを中心に、特に見た目や雰囲気で強さや怖さを感じない教師に対して、勝手気ままな言動を取りやすくなるのである。

多くの保護者は、「教師は大人で聖職者でもあるし、子供を最優先に考えて対応してくれれば、いじめも絶対に防げるはずだ」という固定観念にとらわれてしまうため、わが子がいじめを受けようものなら、裏切られた思いから教師への非難を強めてしまう。一方教師のほうも、特に生真面目な人ほどいじめを防げなかった責任を痛感し、精神的に追い込まれてしまうのだ。

6 「学校は隠蔽体質なので、いじめはすべて保護者・教育委員会に報告する」

教育委員会については役所的なピラミッド構造の形態ではあるが、学校現場の教員組織は、「鍋蓋式」といって一握りの管理職（校長・副校長・教頭）の他は大半が「教諭」という同じ役職であり、基本給も同じである（最近、主幹教諭、主任教諭などの役職を取り入れた自治体もある）。このため、上下関係に疎く、上司に遠慮しない言動をする教師も珍しくはない。また、「生涯にわたって直接子供を教え続けたい」と考える教師は自ら管理職になろうとはしないので、出世を意識するあまり評価を気にして不利な情報を隠し、保身に走る人間の割合は、むしろ民間企業より少ないといえる。

では、なぜ学校が隠蔽体質と受け取られがちなのかというと、いじめは内面の問題も含んでおり事実関係の把握に時間がかかることが多く、事実誤認を防ぐため、報告や公開が遅れがちになること、また、加害者も同じ学校の在籍児童生徒であり、凶悪犯罪は別にしても、世論に多く見られるような一方的断罪は学校教育にはそぐわず、人権保護のため情報提供を制限する傾向があることがその理由であろう。

すべて報告すべきか？　という点だが、いじめに限らず人間が関わる出来事に「絶対」はない。教師に限らず医者も警察官も、いやどんな職業であっても、全員に問題がないことはありえず、ミスをする人間も、悪いことをする人間も一握りは存在するのが現実であり、私達はそんなニュースを日々見聞きしているはずだ。同様に保護者の言動も１００％正しいわけではなく、モンスターペアレントに限らず、わが子のことしか考えず、冷静な判断ができない保護者が一部にいることもまた事実なのである。いじめの全容が明らかになっていない段階でこの手の保護者に報告すれば、不確かな情報を鵜呑みにした独善的な言動で、逆に相手（加害者と思われる親子）の不信感を買い、両者の感情的対立が起こるなど、ますます事態を悪化させることにもなりかねない。

また、教育委員会についても、スタッフはどんな問題にも対処できるようなオールマイティではない。真面目で誠実に仕事をされる方は多いのだが、学校現場での経験（特に生徒指導での実践経験）が乏しい方もおり、問題行動や苦情への対処法などについてきちんと説明できないこともある。私の場合、教育委員会へ生徒指導上の案件を報告する時には、既に勤務校としての対処法をほとんど決めていた。生徒指導については長年の実践経験による蓄積があり、困って県教委に助言を求めるようなケースはほとんどなかったからだ。ではなぜ報告したかといえば、報告が義務づけられているという形式的な点と、弁護士が絡んだ事件のような大きな問題は、訴訟などを考えた場合、教育委員会の支援や協力を得ておく必要があるからだ。いずれにしても、私は教育委員会のスタッフ個人を責めているわけではない。教育委員会への報告システムは、思ったほどいじめの解決には機能しないことを言いたいのである。

さらに、いち早く報告したとしても、解決が遅れる可能性が高い。どんなに些細ないじめでもすべて報告するとなると、現時点でも年間全国で22万件以上の報告があるわけだから、都道府県教育委員会ごとに数千件もの事案を抱えることになる。発生現場を目撃したわけではなく、生徒指導のスペシャリストが少ない限られたスタッフで、迅速かつ的確な対処ができるであろうか？　大量の事案にすべて目を通し、緊急性の高いものを精査し、個別に対応策を考える……となると明らかに膨大な時間と作業量が必要だが、そうしている間にも現場の状況は日々どんどん悪化していく。教育委員会に相談したけれど、いつまでたっても効果的な対処ができず、事態がさっぱり好転しないことにもなりかねない。

7 「重大ないじめは、積極的に外部機関に解決を依頼するとともに、世間にも広く伝えるべきである」

教師は子供を教え育むのが使命ではあるが、両者の間に信頼関係が構築されていなければ、教育効果はあまり期待できない。もし校内でいじめや不法行為が発生した時、頻繁に外部機関（警察等）に調停や解決を委ねていたら、「先生（学校）は頼りにならない！」と、教師に不信感を抱くような児童生徒が増えていき、困った時にも本音で相談しなくなっていく。そうなると、いじめや他の問題行動の情報収集や対応が遅れがちになり、かえって事件やトラブルが発生しやすくなる。

事件の大きさにもよるが、まずは教師達が先頭に立ち、体を張って事故・事件の解決を図ろうと気概を示すことが、子供との信頼関係構築には重要であり、教育現場においては、警察などの外部機関は裏でサポートする立場のほうが良好な関係を築きやすい。実際のところ、文科省統計（平成27年度）によれば、認知したいじめを警察に相談・通報した件数は836件と、全体のわずか0・4％であり、加害児童生徒への特別な対応で、外部関係機関（警察・児童相談所等）と連携した割合も、児童生徒全体で約1・2％に留まっている。

さて、いじめが自殺への大きな要因だったとしたら、それは絶対に許されないことである。しかし、自殺には様々な要因が絡み合っており、真実を知る本人からはもう直接話を聞けないわけだから、自殺の原因を特定するのは極めて困難である。

ところが、子供の自殺が公になるとマスコミはいじめとの因果関係を調べ上げ、少しでもその可能性があれば、加害者・学校を徹底的に叩く。もちろん亡くなられた子供の親御さんの悲しみは想像を絶するものだと思うが、今後の再発防止という観点から見ると、このマスコミの報道姿勢には極めて問題がある。悲劇を二度と繰り返さないためには、自殺をセンセーショナルに報道したり、結果として美化したりしないことが重要なのである。

その理由として、ウェルテル効果という言葉をご存じだろうか。あまりにも執拗に自殺報道を繰り返すと、その自殺者に同情したり自分を同一化したりして、同じ方法で後追い自殺をする者が増えてしまう効果のことであり、各国でデータ的にも実証されている。

もう一つの理由として、今まさにいじめに苦しみもがいている子供達の仕返し手段として、自殺が利用されてしまうことがある。これまで日本では、いじめと関連がありそうな子供の自殺について、多くの市民が自殺した子供を哀れみ、悲しみを遺族と共有した。中には自殺した子供になり替わって、加害者（と思われる）親子や教師を成敗しようとする者まで現れてきた。いじめの被害者は面と向かって相手に反撃できない子供が多いだろうから、いじめが関係した子供の自殺で、加害者とされる人物が非難される報道を何度も目の当たりにすれば、我慢の限界に達した時、子供心にも「自分が死ねば周りの人間が加害者に仕返ししてくれるはずだ」と考えても不思議はない。

ところで、日本のマスコミは、2000年にWHO（世界保健機関）が勧告した「自殺報道ガイドライン」を遵守しているのだろうか？

（報道が）

1　やるべきこと

・自殺に代わる手段を強調する。
・ヘルプラインや地域の支援機関を紹介する。
・自殺が未遂に終わった場合の身体的ダメージ（脳障害、麻痺等）について記述する。

2　避けるべきこと

・写真や遺書を公表しない。
・使用された自殺手段の詳細を報道しない。
・自殺の理由を単純化して報道しない。
・自殺の美化やセンセーショナルな報道を避ける。
・宗教的、文化的固定観念を用いて報道しない。

（日本語訳原文のまま引用）

私達がこれまで実際に見聞きしてきた、子供の自殺報道と照合すれば、特に「避けるべきこと」について、ガイドラインを守っていないというようなレベルではなく、まったく無視していると言ってもいいだろう。

以上、いじめに関する7つの誤解を検証してきた。それでも、「結局は同業者である教師を擁護しているように思う」と受け取られた方がいるかもしれない。

確かに学校(教師)の不手際や指導力不足により、いじめを解決できなかったケースはあるだろう。しかし、いじめのように特に人間同士が複雑に絡み合う問題は、ただでさえ感情的になりやすく、冷静な判断が難しくなる。学校のいじめ問題に限らず、どんな分野・業界の事件や不祥事であっても、その職業人や責任ある立場の人間だけを批判し、責任を取らせることに終始するのは大いに問題がある。

市民が善悪といった感情論に流され、一斉に「正義の押し売り」をすればするほど、逆に真の解決からは遠ざかってしまうことを、ぜひわかっていただきたい。

第3章

いじめ対策とその対応における問題点

この章では、各方面で多くの方が尽力されているいじめ防止対策について、その問題点を指摘していきたいと思う。私が特に問題視しているのは、2013年に国が定めた「いじめ防止対策推進法」であり、まずはこの法律について分析する。さらにそれを踏まえ、文科省や教育委員会、保護者、マスコミ、学校（教師）によるいじめ対応の問題点についても明らかにしていく。

1　問題だらけのいじめ防止対策推進法

最初に結論的なことを言ってしまうと、この法律は教育現場ではほとんど機能しない。いや、それどころかますますいじめ問題をこじらせてしまう可能性すらある。

いじめ防止対策推進法は大津の中学生自殺報道を受けて成立し施行されたわけだが、果たして現在、有効に機能しているといえるのだろうか？　残念ながら施行後も、いじめが関係したのではないか、と疑われる子供の自殺がなくなることはなかった。文科省や有識者の間では、なかなか法律の効果が見られないからなのか、施行後3年を経過した見直し時期に、保護者への報告の厳格（義務）化や、いじめの発見・対処を怠った（と判断された）教師（学校）への罰則を強化しようという動きが見られた。しかし、そんなことをすればいじめは減らないばかりか、学校や家庭、地域の人間関係まで崩壊させかねない。

「日本の教育のアキレス腱」とも思える「いじめ防止対策推進法」の問題点について、指摘していくことにする。

わざわざ法律にすることなのか

まず、この法律は全体的に文章が一般論に基づく抽象的な表現であり、国民（特に大人）には常識的すぎるため、あえて法律として明文化する必要性がない条文が見られる。

第九条 1 ……保護者は、子の教育について第一義的責任を有するものであって、その保護する児童等がいじめを行うことのないよう、当該児童等に対し、規範意識を養うための指導その他の必要な指導を行うよう努めるものとする。

2 ……保護者は、その保護する児童等がいじめを受けた場合には、適切に当該児童等をいじめから保護するものとする。

この条文などは保護者として、また人間として不易な内容であり、「指導」「保護」など、わざわざ法律で規定しなくとも、ほとんどの家庭（親）が当然のごとく実行していることである。逆に、法制化されたことで、実行（遵守）しなかった場合、「法律違反」として将来的に何か罰則でも設けるようなことになるのだろうか？

また、条文として明記された施策や指導は、学校現場ではすでに何らかのかたちで実行されているものが多い。

第八条　……その他の関係者との連携を図りつつ、学校全体でいじめの防止及び早期発見に取り組むとともに、当該学校に在籍する児童等がいじめを受けていると思われるときは、適切かつ迅速にこれに対処する責務を有する。

第十五条　学校の設置者及びその設置する学校は、児童等の豊かな情操と道徳心を培い、心の通う対人交流の能力の素地を養うことがいじめの防止に資することを踏まえ、全ての教育活動を通じた道徳教育及び体験活動等の充実を図らなければならない。

第十六条　3　学校の設置者及びその設置する学校は、当該学校に在籍する児童等及びその保護者並びに当該学校の教職員がいじめに係る相談を行うことができる体制を整備するものとする。

4　……学校は、相談体制を整備するに当たっては、家庭、地域社会等との連携の下、いじめを受けた児童等の教育を受ける権利その他の権利利益が擁護されるよう配慮するものとする。

学校はいじめ問題がクローズアップされる前から、問題行動の早期発見を心掛け、組織・相談体制等を整備・改善して運用している。気になるのは、第十五、十六条のように条文として明記されたことで、「これまで学校の取組みは不十分であった。道徳教育、体験活動や教育相談をもっとしっかりやれば、いじめは防止できるはずだ」という印象を世間に与えてしまう点である。確かに倫理感を身につけるに越したことはないが、いじめはもっと人間の本質的な問題であるのだから、それがいじめの防止や減少にどれほど効果があるのか、見極めるのは難しい。

「どれくらい効果があるかはわからないが、とりあえず良さそうなことは何でもやってみよう」というやり方は非効率なばかりか、学校が新たな企画を実行するための組織再編や計画立案に時間を取られてしまい、教師の本来の仕事である児童生徒に対する教科指導や生活指導などの時間が不足してしまう。むしろ、既存の学校行事や校務内規を生かすかたちの方が効率的であり、柔軟に対応しやすいはずである。

無理を通すという無理

さらに、「いじめをなくす」という実現不可能なことを、「～してはならない、～の禁止」という現実に実践する文言で条文に明記したため、学校現場ではいくら頑張っても達成できない状況が毎年繰り返され、その達成できない状況が、さらなる高い目標（ノルマ）や厳罰化を生むことになる。また厳密な運用が混乱を招きかねない条文も見られる。

（基本理念）
第三条　１　……児童等が安心して学習その他の活動に取り組むことができるよう、学校の内外を問わずいじめが行われなくなるようにすることを旨として行われなければならない。
２　いじめの防止等のための対策は、全ての児童等がいじめを行わず、及び他の児童等に対して行われるいじめを認識しながらこれを放置することがないように……
（いじめの禁止）
第四条　児童等は、いじめを行ってはならない
第二十三条　学校の教職員、……児童等の保護者は、児童等からいじめに係る相談を受けた場合において、いじめの事実があると思われるときは、いじめを受けたと思われる児童等が在籍する学校への通報その他の適切な措置をとるものとする。

第三条では、大真面目に「いじめは法（大人）の力でなくす（根絶する）ことができる」と言っているのと同じであり、子供達が置かれている状況がまったく無視されている。報告されただけでも年間全国で22万件以上（平成27年度）ものいじめが発生している現状だけ見ても、根絶は現実とかけ離れすぎている。さらに言えば、たとえ些細ないじめであっても、いったん

ネット上にさらされようものなら、加害者は法律違反をした犯罪者扱いをされ、内外から激しい批判にさらされる危険がある。

第四条の条文も、どう考えてもおかしい。まず「児童等は……」という言い方から「大人はいじめをしても許されるのか?」とも受け取れる。これは後述するように「いじめは児童生徒がするもの」と定義されたことが影響しているようだが、現実には大人でもいじめと同類の行為は横行している。また、「いじめをしてはいけない」という普遍的・常識的な文言を、わざわざ条文にする必要はあるのだろうか。

そして第二十三条だが、保護者に対していじめに気付いたら学校等への報告を半ば強制的に義務付けているが、実際いじめにはあたらないケースや、子供がたいして気にしていない、あるいは報告してほしくないケースなど、事の軽重も含め様々な状況が考えられる。大人の一方的な見方を法律を使って押し付けることで、子供の意思や心情が無視され、かえって事態をこじらせてしまう恐れがある。

非効率なシステムでは対処できない

文科省等による上意下達方式により、全国一律の防止対策・手順が決められたことで、学校現場では義務付けられた組織づくりや報告などが足かせとなり、様々な形態のいじめへの対応に必要な機動性や柔軟性、裁量が失われるなど、かえって問題解決を遅らせてしまう恐れがある。

（いじめ防止基本方針）

第十一条　1　……文部科学大臣は、関係行政機関の長と連携協力して、いじめ防止等のための対策を総合的かつ効果的に推進するための基本的な方針を定めるものとする。

（地方いじめ防止基本方針）

第十二条　地方公共団体は、いじめ防止基本方針を参酌し、……地方公共団体におけるいじめの防止等のための対策を総合的かつ効果的に推進するための基本的な方針を定めるように努めるものとする。

第十三条　学校は、いじめ防止基本方針又は地方いじめ防止基本方針を参酌し、その学校の実情に応じ、当該学校におけるいじめの防止等のための対策に関する基本的な方針を定めるものとする。

第十四条　1　……地方公共団体は、いじめ防止等に関係する機関及び団体の連携を図るため……学校、教育委員会、児童相談所、法務局又は地方法務局、都道府県警察その他の関係者により構成されるいじめ問題対策連絡協議会を置くことができる。

第十六条　1　……学校の設置者及びその設置する学校は、当該学校におけるいじめを早期に発見するため、……在籍する児童等に対する定期的な調査その他の必要な措置を講ず

るものとする

第二十条　国及び地方公共団体は、……いじめの防止等のために必要な事項やいじめの防止等のための対策の実施状況についての調査研究及び検証を行うとともに、その成果を普及するものとする。

第二十三条　2　学校は……通報を受けたとき……在籍する児童等がいじめを受けていると思われるときは、速やかに当該児童等に係るいじめに事実の有無の確認を行うための措置を講ずるとともに、その結果を当該学校の設置者に報告するものとする。

おそらく教育関係者以外の方は、これらの条文をうなずきながら読み流してしまうかもしれない。

皆さんがもし先生だとしたら、児童生徒から直接いじめの訴えを受けた場合、解決するために何をどういう順番に対処するだろうか？　おそらくは、次のような流れが一般的であろう。

①訴えた本人から詳しい経緯や被害状況を聞きだす
②いじめた相手や周りにいた者から事情聴取する
③証言・証拠を照らし合わせ、いじめの事実の有無とその内容を確定する
④加害者とその保護者を指導する

⑤再発防止策を施すとともに、被害児童生徒のアフターケアに努める

そして③までの対処は、原則2、3日以内くらいで終了するのが望ましく、それ以上手間取ると、事実認定や指導が難しくなる可能性がある。④の指導もできるだけ早く行いたいが、加害側がなかなか納得しなければ、かなりの日数を要することもありうる。

もし前述の条文に忠実に従い、防止対策・基本方針を事細かに決め、いじめ問題対策連絡協議会を設置した場合どうなるだろうか（平成28年度現在、すべての県で設置済み）。通報を受けた時には、第二十三条にのっとり、原則すべての件について学校→教育委員会→地方公共団体・文科省の流れで報告しなければならず、報告のためには調査方法、聴き取り内容、そして結果をきちんと文書化しなければならない。この事務処理にかなりの時間を要するであろうし、会議や報告に追われている間に、現場での対応が遅れ、学校が加害側と被害側双方から不信感をかったり、両者の関係がこじれたりする恐れがある。

しかも、文科省・教育委員会は、いじめの現場を見ていないわけで、ましてや関係児童生徒の性格、言動、指導履歴や、家庭環境（保護者情報等）など直接把握できないため、当事者に最適の対処法を提示することはかなり難しい。

いじめのような人間関係のトラブルは、現場の発生状況を基に、当事者の性格・言動や力関係を踏まえた経験則などから勘案し、迅速かつ臨機応変に対処するものであり、その都度基本

方針や細則に照らし合わせて、調査・報告・会議を重ねてばかりいては、日々刻々と変化する現場の動向についていけない。また、学校で起こっているいじめの大半は、いちいち上部組織に報告せずとも児童生徒、教師、保護者、カウンセラー間で解決できるレベルのものである。

それでも稀に、大津の中学生自殺事件のように、学校現場では解決できない大事件が起きることもあるが、そのような時にはいじめ防止対策推進法の有無など関係なく、学校が躊躇せず自主判断で教育委員会や警察に相談または依頼すべきであり、何もしなかった場合の管理責任は重いはずである。また、明確な犯罪行為なら、被害者や気づいた保護者などが自主的に、警察への被害届の提出や訴訟を行うことも可能である。

いずれにしても上意下達で細かなルールを決めすぎてしまうことが、対処方法を形式化・固定化し、それが非効率な調査・報告・会議を生み、現場の解決力を奪ってしまう弊害にぜひ気づいてほしい。

定義が対処を遅らせる

いじめの定義を法律で定め、明文化したことのデメリットも指摘したい。

(定義)
第二条　この法律において「いじめ」とは、児童等に対して、当該児童等が在籍する学校に在籍している等当該児童等と一定の人間関係にある他の児童等が行う心理的又は物理的な影響を与える行為（インターネットを通じて行われるものを含む。）であって、当該行為の対象となった児童等が心身の苦痛を感じているものをいう。
3　この法律において「児童等」とは、学校に在籍する児童又は生徒をいう。
（学校の設置者又はその設置する学校による対処）
第二十八条　学校の設置者又はその設置する学校は、次に掲げる場合には、その事態（以下「重大事態」という。）に対処……するため速やかに、当該学校の設置者又はその設置する学校の下に組織を設け、質問票の使用その他の適切な方法により当該重大事態に係る事実関係を明確にするための調査を行うものとする。
一　いじめにより当該学校に在籍する児童等の生命、心身又は財産に重大な被害が生じた疑いがあると認めるとき。
二　いじめにより当該学校に在籍する児童等が相当の期間学校を欠席することを余儀なくされている疑いがあると認めるとき
2　学校の設置者又はその設置する学校は、前項の規定による調査を行ったときは、当該調査に係るいじめを受けた児童及びその保護者に対し、当該調査に係る重大事態の事実関係その他の必要な情報を適切に提供するものとする。
3　……学校が調査を行う場合においては、当該学校の設置者は、…調査、…情報の提供について必要な指導及び支援を行うものとする。

このようにいじめを定義し明文化したことで、いじめに当たるのか当たらないのかといった照合や判断に精力が注がれてしまい、児童生徒への迅速な対処がなおざりになる恐れがある。具体例を見てみよう。横浜市の中学生が受けた原発絡みのいじめについて、当初お金（100万円以上）を渡した行為はいじめではないと教育委員会が判断したが、内外から批判を受けて判断を覆し、いじめと認定したことがあったのは、記憶に新しいと思う。

なぜ当初はいじめに当たらないと判断したのか、第二条をよく読んでもらえればわかると思う。いじめは、「心理的又は物理的な影響を与える行為」と定義されている。被害生徒は表面的には自ら能動的にお金を渡しているため、加害生徒達は影響を与える行為をしていないことになり、金品授受についてはいじめと認定しなかったのだ。しかし、全体像を考えれば、同級生達は日常的・継続的なからかいや威圧等の言動の中で、繰り返し100万円以上もの大金を受け取っていたわけだから、「たかり、あるいは強要まがいの行為」を頻繁に受けていたと推測でき、これを一連のいじめの別形態と判断しても不思議はないだろう。

ところで、私はお金を渡したやり取りが、いじめにあたるかどうかの是非を問いたいわけではない。いじめであろうがなかろうが、大金を渡し続ける行為は中学生として明らかに異常であり、どんなに甘く見ても「弱みに付け込んだ金品授受」として、厳しく対処・指導すべきであろう。全体として何らかのいじめを受けたことがはっきりすれば、一つひとつの行為をいじめかどうか厳密に照合することより、その行為が被害者に与えた影響を勘案し、両者（もちろん被害者優先）を立ち直らせるための教育的指導に集中すべきであろう。そして、はっきりと法に触れるような悪質な行為があれば、刑法や校務（生徒指導）内規に従って裁けばよいのである。このように、マスコミがいじめに該当するのかどうかに固執するのも、いじめを定義し、明文化したことによる弊害だと思う。

いじめの定義自体に問題あり

第二条によれば、行為の対象となった児童等が心身の苦痛を感じていればいじめとなる。私も被害者の立場になって判断することについて異論はない。

しかし、法制化・明文化したことによって、一握りではあるだろうが、虚偽申告のチェックがしづらくなってしまった点がどうしても気になる。刑法は、万引き、暴力、恐喝等、加害者の具体的な行為に基づいて判断するので、加害被害双方が事実認定しやすい。ところが、いじめの場合は適用範囲が広く、精神（思考）の問題も多く含まれるため、対象となるような言動はまさに千差万別である。にらまれた（ような気がする）、無視された（ような気がする）、陰口をたたかれた（ような気がする）など、実際行為があったのかどうか、定かでないケースまで日常的に報告されるようになる。しかし、このようなグレーゾーンでも、被害者が心身の苦痛を感じたというなら、第二条の定義に合致するため、いじめに当たると判断されることになる。

私が実際に対処した授業崩壊の案件を紹介しよう。

教員から寄せられた情報・報告のなかに、特定生徒へのいじめが何件か含まれていることがわかった。ところが困ったことに、この被害生徒は俗に言う〝いじられキャラ〟であるだけでなく、いじめられているという自覚がまったくなかったのだ。何度聞いても本人からはいじめの「い」の字も発せられないばかりか、終始にこやかに自分が受けた行為を、躊躇せずぺらぺらとしゃべるのである。いくら第三者が客観的に見て、はっきりいじめだと判断できても、被害者にいじめを受けた自覚がなければいじめの定義に該当しないから、懲戒指導をしようとする時点で加害側（特に保護者）は納得しない可能性がある。

学校現場におけるいじめの対応は、まず教師が被害者の言い分を聞き、それに基づいて調査を始めるのだが、よく調べてみたら加害者の言い分にも一理あるとか、いじめ自体が存在しない思い込みのケースも、実際には一定割合発生している。

ところが法制化されたことで行動を起こしやすくなった保護者が、すぐに教育委員会などに訴えを起こすと、原則的には法のルールにのっとり、公に調査・報告に取り掛からなければならなくなる。さらに、それを察知したマスコミが取り上げて報道しようものなら、名指しされた人物はいじめの加害者と断定され、ネット上に顔写真や個人情報がさらされてしまうかもしれない。

このように、「心の中でどう感じているか?」という内面の問題まで法律で規定(固定化)してしまえば、逆にいじめへの的確かつ効果的な対応がしづらくなってしまうのである。

同様に、第二十八条の「重大事態」についても、定義・明文化したことが、逆に解決への足かせとなりやすい。一項の「心身又は財産に重大な被害が生じた疑いがある」の部分だが、誰が疑いの信ぴょう性を判断するのだろうか? また疑いの段階で対処するとしても、特に精神的被害の場合、どの程度の事実をもって「重大事態」と認定するのだろうか?

さらに、二項の「相当の期間学校を欠席することを余儀なくされている疑いがある」についても、具体的に何日以上が目安なのだろうか? また、前籍校から不登校傾向があった生徒は、どの時点や状況で「重大事態」と認定できるのだろうか?

いじめと不登校の関係

ここで、いじめによる被害の一形態でもある不登校について、少し触れておきたい。

定時制高校・単位制高校の一番の退学理由は「何らかの要因で学校に来たくても来られなくなる」ことである。仲間と遊びたいから、アルバイトの方が面白いからというある種の積極的な理由ではなく、本人は学校に行きたい気持ち、真面目に勉強しようという気持ちはあるのに、なかなか足が向かないのである。

こうした不登校の発生状況はまさに多種多様であり、予測不可能である。入学後1日も休まず元気に登校していたのに、ある日突然欠席した後、パッタリ来なくなってそのまま3年も引きこもってしまったケースや、逆に2年続けて出席時数不足で留年したが、ある日突然登校できるようになったケースもあった。不登校の原因を考えてみても、具体的には、親の問題（教育熱心、厳格、過保護、夫婦の不仲等）や、本人の性格（生真面目、完璧症、消極的・内向的、非社会的等）、人間関係のもつれ（いじめ、友人とのトラブル、先生との相性、クラスになじめない等）、遺伝・病気（親が不登校経験者、心療内科・精神科への通院歴等）など、多くのファクターが浮かんでくる。

ところが、実際に発生した個々の事例について、経験上決定的な要因をつかめないことが意外と多いのである。またおおよその原因はわかったとしても、不登校を克服できる処方箋がなかなか見つからない。残念ながらトータルでは、児童生徒が不登校を克服し、途中から登校できるようになったケースのほうが少ないのである。ある単位制の高校では毎年100名近くが退学し、単位が修得できずに原級留置にいたる者は200名以上いたが、その多くは特に問題を起こすようなことはなく、周りには害を与えない不登校生徒なのである。

自殺とまではいかないまでも、いじめが原因となる不登校や退学は、本人が望んでいないのに他者からの圧力で追い詰められてしまうわけだから、学校としては何としても防ぎたいところだが、教師の思いとは裏腹に現実は非常に厳しく、私も何度か苦い経験がある。

こうした現実を考えると、いじめ防止対策推進法第二十八条二項の「相当の期間学校を欠席する」に関して、いじめが不登校の原因であると特定（判明）できるかどうか、実際は非常に難しいことがわかる。文科省調査統計（平成27年度）によれば、高校全体でいじめが不登校の主な要因である生徒は全体の０・１％（74人）と極めて少ないが、不登校は複合的な要因が絡むことや、被害者側が意図的にいじめを内密にする場合もあるだろうから、実際はもう少し割合が高いのではないかと思う。

それでも、いじめが要因の一つだったとして、「重大事態」に該当するのかどうか、その線引きはさらに難しい。前籍校から不登校傾向があった児童生徒は、単純に何日以上と数字だけで決めてしまうわけにはいかないだろうし、不登校の要因が四つも五つもある場合、いじめがどの程度のウエートなら「重大事態」と判断するのか、現場の教師は頭を悩ませるに違いない。

こうしたことから、学校が独自に判断するのは極めて難しく、結局は教育委員会や他の外部機関に訴えがあったことで動き出すケースが多くなると思われ、その対応を世間から批判されることになる。

同じ文科省調査結果を見ると、「重大事態」の全国発生件数は３１３件（全認知件数の０・14％）で、前年比ではマイナス１３６件であった。重複する案件もあるが、一項・二項全体として見ると「まだ調査中」が51件（14・７％）あり、調査済みのうちいじめが確認できなかったものが21件（7・1％）あった（表4）。

この結果をどう見たらよいか？　やはり8割近くが重大事態であった、と納得する向きもあろうが、生命・心身に重大な被害が生じたと疑われる「重大事態」として調査したのに、いじめの程度の軽重どころか、その存在すら確認できなかったケースが数％ながらあったわけである。また、「調査中」は事実確認などに手間取っていることでもあり、14・7％は決して低い数字ではないと思えるが、第一項の態様で、生命や身体の被害より、精神の被害が明らかに多い（約60％）ことも、事実や被害の実態がつかみにくいことを反映しているのではないだろうか。

確かに多くの保護者は常識的な判断・行動をすると思うが、二条同様、定義を条文化した上に、重大事態発生時の対処（組織編成、調査方法、指導・支援等）まで明記したために、被害者側にとって、「重大事態」と認定されるかどうかは訴訟などでの大きなカギとなる。被害者意識が極めて強い一部の保護者は、認定されなければ冷静さを失い、強硬手段に出ることも考えられる。

この私の心配は、最近中学生の自殺が続く中、実際に「重大事態」の解釈をめぐって意見が対立するなど、現実のものとなってしまった。現場を見ていない人間が個々の事件の真偽をコメントする立場にはないが、いじめのような心（内面）に関わる問題について、具体的な対処法（報告手順や組織設置など）を法律で明文化（固定）してしまったことが、問題をこじらせ

区分			小学校	中学校	高等学校	特別支援学校	計
法第28条第1項に規定する「重大事態」の調査主体	「重大事態」の発生件数のうち、当該学校が調査主体となった件数（単位：件）		95	129	31	5	260
		法第28条第1項第1号に規定する「重大事態」の発生件数（単位:件）	29	48	16	4	97
		法第28条第1項第2号に規定する「重大事態」の発生件数（単位:件）	74	90	19	1	184
	「重大事態」の発生件数のうち、当該学校の設置者（当該学校以外）が調査主体となった件数（単位：件）		17	20	11	1	49
		法第28条第1項第1号に規定する「重大事態」の発生件数（単位:件）	10	12	8	0	30
		法第28条第1項第2号に規定する「重大事態」の発生件数（単位:件）	12	13	5	1	31
	「重大事態」の発生件数のうち、調査主体を検討中の件数（単位：件）		0	1	3	0	4
		法第28条第1項第1号に規定する「重大事態」の発生件数（単位:件）	0	1	1	0	2
		法第28条第1項第2号に規定する「重大事態」の発生件数（単位:件）	0	0	3	0	3
法第28条第1項に規定する「重大事態」のうち、法第30条第2項及び法第31条第2項に規定する調査の結果について調査（再調査）を行った件数	「重大事態」の発生件数のうち、地方公共団体の長等において調査の結果について調査（再調査）を行った件数(単位:件)		0	3	0	0	3
		法第28条第1項第1号に規定する「重大事態」の発生件数（単位:件）	0	2	0	0	2
		法第28条第1項第2号に規定する「重大事態」の発生件数（単位:件）	0	2	0	0	2

（注1）いじめ防止対策推進法第28条第1項第1号の規定は「いじめにより当該学校に在籍する児童等の生命、心身又は財産に重大な被害が生じた疑いがあると認めるとき。」であり、同第2号の規定は「いじめにより当該学校に在籍する児童等が相当の期間学校を欠席することを余儀なくされている疑いがあると認めるとき。」である。

（注2）「重大な被害の態様」については、最も重大と考えられるものを一つ選択。

（注3）「調査状況」の「調査中の件数」には、平成27年度末に発生した「重大事態」のうち、調査主体が決定する前に平成28年度になったものも計上している。

（注4）調査済みの件数の（　）は、「法第23条第2項による措置にて事実関係の全貌が十分に明確にされたと判断できたため改めて調査組織を設置しなかった場合」とは、学校における当該児童等に係るいじめの事実の有無の確認を行うための措置において全貌が明らかとなり、かつ内容が正確であると法第28条の組織で判断できたため、改めて調査をしなかった件数。なお、調査済みの件数の内数になる。

（注5）1件の「重大事態」が、いじめ防止対策推進法第28条第1項第1号及び同第2号の両方に該当する場合は、それぞれの項目に計上されている。

（注6）「いじめ防止対策推進法第28条第1項に規定する「重大事態」のうち、同法第30条第2項及び同法第31条第2項に規定する調査の結果について調査（再調査）を行った件数」については、重大事態として計上された年度にかかわらず、「平成27年度に再調査したもの」が計上されている。

表4　いじめ防止対策推進法に関して（国公私立）

①いじめ防止対策推進法第28条第1項に規定する「重大事態」の発生件数

区分				小学校	中学校	高等学校	特別支援学校	計
法第28条第1項に規定する「重大事態」が発生した学校数（単位：校）				111	137	44	6	298
法第28条第1項に規定する「重大事態」の発生件数（単位：件）				112	150	45	6	313
	法第28条第1項第1号に規定する「重大事態」の発生件数（単位：件）			39	61	25	4	129
		重大な被害の態様	生命	3	13	8	0	24
			身体	4	11	2	1	18
			精神	29	34	13	2	78
			金品等	3	3	2	1	9
		調査状況	調査済みの件数	33	54	16	4	107
				(2)	(9)	(2)	(0)	(13)
			うち、調査の結果、いじめが確認されたもの	31	52	14	4	101
			うち、調査の結果、いじめが確認されなかったもの	2	2	2	0	6
			調査中の件数	6	7	9	0	22
	法第28条第1項第2号に規定する「重大事態」の発生件数（単位：件）			86	103	27	2	218
		調査状況	調査済みの件数	78	95	14	2	189
				(23)	(19)	(3)	(0)	(45)
			うち、調査の結果、いじめが確認されたもの	77	84	11	2	174
			うち、調査の結果、いじめが確認されなかったもの	1	11	3	0	15
			調査中の件数	8	8	13	0	29

平成26年度	法第28条第1項に規定する「重大事態」が発生した学校数（単位:校）		114	230	50	0	394
	法第28条第1項に規定する「重大事態」の発生件数（単位：件）		117	281	51	0	449
		法第28条第1項第1号に規定する「重大事態」発生件数	25	42	25	0	92
		法第28条第1項第2号に規定する「重大事態」発生件数	100	253	32	0	385

る大きな要因ではないだろうか。事実の解明すら難しいケースにおいて、双方が納得するかたちで具体的な処罰や裁定を下すことは、なおさら大変である。このように二条と同様、特に精神のダメージについては客観的な判断が難しいため、条文では「疑いがある」というフレーズでぼかしたともいえるだろう。

もちろん「どんなに不確かな情報であっても、まずは被害者を信用して学校や教育委員会は調査・対応すべきである」という考え方自体は正しい。だがそれは、マスコミ、有識者、文科省、教育委員会などが、事実関係が明らかになるまでは報道等情報の公開を控え、静かに学校の調査や当事者間のやり取りを見守るという前提・保証があってこそ、安心して取り組めることである。特にいじめの「重大事態」については、揺るぎのない事実として確定するまで報道を控える協定が必要である。

2項の保護者への情報提供に関しても問題がある。まだ調査段階のため事実関係が明らかでない状況でも、マスコミがかぎつけ、調査結果や事実認定を性急にあおるようなインタビューを行うと、保護者もだんだんと誘導されてしまい、なかなか情報提供をしてくれない学校や教育委員会に、不信感を持つようになってしまうのである。

大人の行為はいじめではない？

この節の最後に、定義そのものの解釈の問題も指摘しておきたい。

愛知県の中学生が「担任に自分の人生をめちゃくちゃにされた」と記録を残して自殺したが、担任によるいじめがあったのか、なかったのかで学校側の説明は二転三転した、という事件があった。この件に関して遺族や世間・マスコミは学校側の対応に不信感を持ち、厳しく批判したのは周知のとおりである。

実は校長の答弁にも関係するのだが、不可解な点があるのだ。いじめの定義（第二条）を今一度読んでほしい。いじめは「児童等が行う行為」となっており、「児童等」とは第二条三項によれば、「学校に在籍する児童又は生徒」である。つまり、大人である教師の行為はすべて「いじめ」ではないことになる。このことを、立案した文科省も、情報通であるマスコミも、なぜスルーするのであろうか？　もし知っていながら指摘しなかったとしたら、意図的に世論を誘導しようという悪意すら感じる。

いじめであろうとなかろうと、教師の指導に問題があれば、それは批判されても仕方がない。私が納得いかないのは、やたらといじめの認定にこだわるマスコミや有識者が、大人がする行為は法律の定義上いじめではないことに、全く触れないことである。これは明らかに矛盾している。

2 教育関係者から見たいじめ防止対策推進法

私は現在、教育への思いを同じくする大学の先生と、定期的に情報交換を行っている。その先生のブログに、この法律の根本的な問題点が鋭く指摘されているので、ここで紙面を借りてその抜粋を紹介させていただく。

笑ってはいけない「いじめ防止対策推進法」（iMnsブログより引用）

まず，この法律は機能しません．なぜなら，この法律があろうとなかろうと，学校では「いじめ」への対策はされる（されている）からです．というか，法律で定めるようなことに馴染まないと言ったほうが適切です．

この法律では，いじめ問題対策連絡協議会とかいう会議をはじめ，地域，保護者，警察などの連携を求めたり，いじめが存在したら報告をするのだそうです．会議が増えて報告を徹底したがる傾向．これってダメ組織の典型ではないですか？　そういうことを一々学校に求めるから，「教師が生徒と向き合う時間が減り」「いじめの隠蔽」が起こるんでしょ，というところです．

「いじめ」というのは，にわかに実施されることが増えた様々なアンケート結果が示すように，誰しもが被害者だけでなく加害者の経験があるものです．表在化したり被害者側に認識されずとも，「いじめている」という状態が存在したり，誰も加害していないにも関わらず，「いじめられている」という状態が存在する，極めて多様で幅の広い，人間らしい現象なのです．誤解を恐れずに言えば，恋愛と同じだと言っていいかもしれません．

人間は成長していくことで，そういう「いじめ」という現象に対して自己をコントロールできるようになっていきます．

過去記事でも述べたように，子供は「いじめ」を通して成長していくのです．

しかし，「いじめ防止対策推進法」では，児童等は，いじめを行ってはならないとし，いじめが発生しないよう〝防止〟するための法律にしています．法律の名前からしてそうですから，これは間違いありません．私はここに「いじめ防止対策推進法」という法律の真の恐怖が隠れていると睨んでいます．それは何かというと，子供のいじめを法律で，そして，大人（もっと言うと〝教師〟）が防止（コントロール）できると考えていることです．いじめを無くせば，子供が善く育つと考えていることです．

「いじめ」はどのような社会でも発生するものです．「防止」できるものでも，解決できるものでもありません．けれども，この「いじめ」を放置すると，その社会や共同体が健全に機能しなくなってしまう．それでは問題だから，どのようにすれば良いのだろうか，と考えることが大切です．

もっと言うと，「いじめ」がなくなってしまうと健全な学校教育ができなくなってしまう．それくらいの懐の深さで見守ってもらいたいところです．

ですから結論として，この法律は「機能しない」ということなのです．

いかがだろうか？　大変わかりやすくまとめられていると思うが、私もまったく同意見なのである。この章で一貫して述べてきたように、いじめを法律で一律に防止・解決しようというやり方は、いじめが人間の本質に関わる、内面にまで及ぶ問題であることや、単純に加害・被害に色分けできるものではなく、両者が重なり合うグレーゾーンが多いということを、全く考慮しない愚策といえるだろう。

3　学校（教師）が同法を運用する際の問題点

これまで指摘したように、この法律には多くの問題点が内包されている。しかし、現行法である以上、特に公共機関は遵守しなければならない。学校現場で教師が運用する際に、次のような問題点が生じることが危惧される。

まず、第十三条により、各学校は「学校いじめ防止基本方針」の作成を義務付けられたが、条文の「いじめ防止基本方針又は地方いじめ防止基本方針を参酌」に忠実に従った場合、国の「いじめの防止等のための基本的な方針」の内容・文字数はかなり多く、事細かな指導まで記載されているため、学校の基本方針も内容の似通った形式的なものになりやすく、現場の周知徹底がはかりにくい。

次に、第二十二条により、学校はいじめの防止等の対策のための組織を置かねばならないが、管理職、学校評議員、ＰＴＡ役員、心理・福祉の専門的知識を有する者（養護教諭や部外者）など、それぞれの分野の役員や専門家の立場を重視しすぎれば、構成員が多くなりすぎる。会議が肥大化し形式的になることで、機動性に欠け、迅速な対応ができない恐れがある。

さらに、上部組織や外部評価を気にし、いじめ防止対策推進法を遵守するあまり、いじめの事後処理よりも、法（条文）・基本方針との照合や会議の開催・報告を優先してしまう恐れがある。

また、「学校いじめ防止基本方針」やその他のマニュアルに頼りすぎると、画一的な指導や判断になりやすく、多種多様な個々の児童生徒に合った、柔軟かつ適切な対処や指導が難しくなることも指摘される。

4　法と権力でいじめをなくそうとする文科省と教育委員会

これまで、「いじめ防止対策推進法」について分析してきたわけだが、いじめ対策全般について、文科省や教育委員会の対応に問題点はないのだろうか？
日本の教育行政は、文科省を頂点とするピラミッド型の中央集権体制になっているが、こうした仕組みは世界、特に民主主義国家では少数派のようである。確かに、教育水準や教育環境などに大きな地域差が生じないよう、一律の施策を行うことも時には必要かもしれない。しかし、多くの場合、全国同一の基準では、多様な感情や思考を持ち、人格的に未完成な子供達を毎日相手にしている学校現場に対応できないことが多い。

いじめ対処への素朴な疑問

主に文科省の方に、次のような質問をしてみたい。

Q１　あなたは今まで、幼・小・中・高のいずれかの学校で教鞭をとられたことはありますか？

Q２　あなたは学校内やその他の場所で、いじめの現場に遭遇し、ご自身で対処したことはあ

ります か?

Q3　あなたは子供大人を問わず、周りで言い争いやいじめ的なトラブルが起きた時、マニュアルを見ながら、あるいは思い出して対処しますか?

Q4　あなたあるいは他者がQ3のトラブル対処後、仲直りや加害者等への説諭を自身で行う際、法規や会社・学校の内規に基づいて（あるいは意識して）行いますか?

Q5　誰が見ても明らかにいじめと判断できるのに、加害者側が絶対に認めない時、あなたはどうしますか?

教員出身者がきわめて少ない文科省職員は、Q1、Q2について、100%ではないにしても大半の方がNOだろう。

Q3、Q4は何を言いたいのかといえば、日常生活の中で突然もめ事が起こった時、すぐさまマニュアルを持ってきて、それを見ながら対処や仲裁をする人がいるのか、ということである。おそらく現場を離れてマニュアルを取りに行く余裕はないから、常に携帯しているか全て暗記しているか、になるだろうが、たとえすべて覚えていたにしても、感情的に高ぶる人間を、マニュアルにのっとり、杓子定規かつ事務的に説明して当事者は納得するだろうか?

おそらく多くの方は、現場での状況を見て、ケンカ状態なのでまずは引き離す、泣いている方の人間をなだめる、ケガをしたらしき人間に寄り添い応急措置をする、お互いの言い分を聞くため仲間を呼びそれぞれ個別に話を聞く、などと臨機応変に対応するのではないかと思う。

そもそも、皆さんは会社規則や生徒指導規定など、すべて覚えているだろうか? 一、二文ならともかく、私はとても覚えきれない。公立校勤務時代を思い起こせば、「○○規則」「○○内規」の何ページもの冊子を開いて確認させられた記憶がある。これらの法律(条文)、規則、基本方針を直接利用するのは、学校でいえば不法行為等を起こした児童生徒に対し、管理職などが懲戒を行う時であり、会社では重大な社則違反があって、管理職から処分を伝えられる時であろう。トラブルが発生した直後には、事の大きい小さいに関わらず、現場に居合わせた人間が直ちにその場の状況を判断し、経験則や勘に基づいて迅速に対応せざるを得ない。残念ながら現場経験の乏しい人間は、その時とっさの判断、行動ができないことが多い。

Q5については、実践経験の乏しい方は「話せばわかる」とか「粘り強く働きかければ何とかなる」などと、時間をかけさえすればうまくいくようなことを言われるが、私の経験上、世の中には絶対に認めない子供も保護者も一部に存在するのであって、その場合はたとえ納得されなくても客観的根拠を基に押し通すしかないのである。

全国一律の施策の上意下達

世の中を騒がせるような児童生徒がらみの大事件をきっかけに、現場経験の乏しい文科省職員などが、「いじめ防止対策推進法」や「体罰基準」に見られるように、省内で草案し決定に至った法律や通達を、多様な実態を踏まえず一方的に学校に押しつける。これは、現場の混乱を招く恐れが大きい。「いじめ防止対策推進法」の問題点からも分かるように、学校現場ではいざ法を運用しようとすると、抽象的すぎたり判断基準があいまいだったりして、そのままでは使いづらいことが多い。そのため、教育委員会や学校単位で、さらに具体的な運用ルールを定める必要が生じ、教育現場では草案・マニュアル作りのために、余分な時間と労力を費やさなければならなくなる。

また、都道府県の地域差もさることながら、同じ地域内であっても、学校は校種、課程、学習環境、子供の年齢など多種多様であるため、法律や規則等全国一律の基準でいじめに対応するのは現実的ではなく、年を追うごとに制度疲労が生じることになるだろう。

本末転倒なアンケート等による全国調査の実施

いじめや体罰などの全国的な大事件が発生すると、必ずといっていいほど文科省は、全国一斉の調査・アンケートを実施しており、中にはいじめ関連のように毎年行われている調査もあるのだが、果たしてその実効性はどうなのだろうか?

実際にアンケート調査に携わった経験からすれば、直接児童生徒から詳細なアンケートをとることで、いじめの実態や、正確な被害状況が把握できると考えるのは早計である。

定められた形式のアンケート調査(特に選択式)であれば、いじめらしき言動に○を記入する児童生徒は、軽度ないじめで気にしていないか、すでに解決していることが多く、中には設問に合致したからイエスと答えただけで、いじめという認識すらなかった生徒も実際にいた。一方で、深刻な被害を受けている児童生徒は、学校や保護者がいじめを解決してくれる可能性と、仕返しや仲間外れにされる可能性を天秤にかけ、後者のほうが強ければ、特に中高校生の場合、誰がどのように対処・解決してくれるかわからないようなアンケートには、記入しない可能性が高くなるだろう。

これは単なる推論ではない。文科省統計（平成27年度）によると、都道府県別で1000人あたりのいじめ認知件数（認知率）は、京都府が最も多く90・6人で、2位は宮城県の70・8人である。この2県について、いじめを発見したきっかけの内訳を見ると、「アンケート調査などによる発見」が京都は86・3％で1位、宮城は77・2％で3位となっている（表5）。そして、既にいじめが解消している割合は、京都が97・4％で4位、宮城が97・8％で2位である。

これらの数値から、「いじめ認知率の高さは、アンケート調査などによる発見率やいじめ解消率との相関が強い」ということがわかるので、次のような仮説が成り立つのではないか。

- アンケート調査の実施が、いじめの認知・発見に役立っている。
- アンケート調査などにより明らかになったいじめ（全国平均で認知全体の50・9％を占め

る）は、全体割合からみて既に解消していることが多い。

この仮説により、「アンケート調査は、既に解消したか軽度ないじめや、単に設問に合致するようないじめの発見には役立つが、深刻でダメージが大きく、解決に時間がかかるようないじめの発見につながるデータ（根拠）は見当たらない」、ということまでは言えるのではないか？　これは先ほどの私の現場感覚ともずれていないはずである。

また、いじめは主観的要素が強いため、具体的な認定や判断基準・線引きが大変難しい。先ほど取り上げた、1000人あたりのいじめ認知件数（認知率）最高の京都府（90・6）と最低の佐賀県（3・5）では、実に26倍の開きがあった。都市部が高く農村部が低いからではないか、とも考えがちだが、逆に東京都は5・4と低い方から5番目であり、山形県は48・4と高い方から3番目であるから、人口密度や都市人口率との相関は見られない。

私の推測ではあるが、調査の設問項目の選び方や設問の仕方・文言、いじめの認定ライン（線引き）が、各都道府県でまちまちだからではないだろうか？　実際この調査に限らず、毎回のように自治体や学校間で、いじめの取り上げ方に差が生じている。最近も沖縄で、児童生徒への問いかけ方を変えたところ、何と前年比で13倍ものいじめが報告されたという。このように調査の統一性に欠けるため（元々基準の統一が難しい性格のもの）、アンケートの客観性・有効性にも疑問が生じることになる。

学校の教職員以外からの情報により発見		本人からの訴え		当該児童生徒（本人）の保護者からの訴え		児童生徒（本人を除く）からの情報		保護者（本人の保護者を除く）からの情報		地域の住民からの情報		学校以外の関係機関（相談機関含む）からの情報		その他（匿名による投書な	
件数（件）	構成比（%）	件数（件）	構成比（%）	件数（件）	構成比（%）	件数（件）	構成比（%）	件数（件）	構成比（%）	件数（件）	構成比（%）	件数（件）	構成比（%）	件数（件）	構成比（%）
1,835	29.6	1,293	20.9	359	5.8	90	1.5	75	1.2	3	0.0	14	0.2	1	0.0
598	48.9	274	22.4	220	18.0	56	4.6	33	2.7	1	0.1	14	1.1	0	0.0
1,505	44.8	739	22.0	496	14.8	150	4.5	92	2.7	3	0.1	20	0.6	5	0.1
2,575	14.5	1,872	10.6	478	2.7	136	0.8	63	0.4	3	0.0	12	0.1	11	0.1
523	29.5	297	16.8	145	8.2	39	2.2	35	2.0	2	0.1	4	0.2	1	0.1
1,822	30.9	915	15.5	700	11.9	147	2.5	44	0.7	4	0.1	5	0.1	7	0.1
614	50.3	270	22.1	232	19.0	51	4.2	51	4.2	2	0.2	6	0.5	2	0.2
2,314	32.6	1,308	18.4	679	9.6	208	2.9	101	1.4	1	0.0	15	0.2	2	0.0
1,305	43.5	623	20.8	497	16.6	120	4.0	53	1.8	5	0.2	4	0.1	3	0.1
891	46.2	462	24.0	278	14.4	93	4.8	49	2.5	3	0.2	6	0.3	0	0.0
2,276	47.9	996	21.0	986	20.7	168	3.5	98	2.1	11	0.2	14	0.3	3	0.1
7,117	24.0	4,771	16.1	1,351	4.6	729	2.5	219	0.7	11	0.0	18	0.1	18	0.1
3,221	47.4	1,416	20.8	1,201	17.7	303	4.5	265	3.9	9	0.1	13	0.2	14	0.2
4,758	56.9	2,340	28.0	1,729	20.7	399	4.8	260	3.1	9	0.1	18	0.2	3	0.0
1,756	57.5	755	24.7	674	22.1	237	7.8	69	2.3	2	0.1	17	0.6	2	0.1
677	66.8	226	22.3	347	34.3	71	7.0	24	2.4	2	0.2	6	0.6	1	0.1
509	53.9	167	17.7	228	24.2	59	6.3	41	4.3	5	0.5	8	0.8	1	0.1
541	62.9	214	24.9	254	29.5	44	5.1	27	3.1	1	0.1	1	0.1	0	0.0
719	25.5	420	14.9	207	7.3	65	2.3	15	0.5	1	0.0	0	0.0	11	0.4
917	58.5	419	26.7	333	21.3	98	6.3	56	3.6	1	0.1	10	0.6	0	0.0
2,117	58.9	936	26.1	853	23.7	210	5.8	93	2.6	12	0.3	10	0.3	3	0.1
2,707	48.1	1,143	20.3	1,106	19.6	286	5.1	153	2.7	8	0.1	9	0.2	2	0.0
6,017	46.6	2,840	22.0	2,207	17.1	609	4.7	309	2.4	19	0.1	20	0.2	13	0.1
775	49.2	343	21.8	262	16.6	101	6.4	60	3.8	2	0.1	5	0.3	2	0.1
1,768	66.3	781	29.3	653	24.5	194	7.3	118	4.4	6	0.2	13	0.5	3	0.1
1,568	6.2	937	3.7	405	1.6	138	0.5	68	0.3	8	0.0	7	0.0	5	0.0
4,283	41.3	2,079	20.1	1,447	14.0	455	4.4	256	2.5	17	0.2	15	0.1	14	0.1
3,496	50.7	1,428	20.7	1,387	20.1	391	5.7	220	3.2	31	0.4	31	0.4	8	0.1
881	20.8	474	11.2	213	5.0	154	3.6	30	0.7	3	0.1	3	0.1	4	0.1
594	20.0	337	11.4	163	5.5	58	2.0	31	1.0	0	0.0	5	0.2	0	0.0
318	58.3	125	22.9	134	24.6	37	6.8	17	3.1	1	0.2	4	0.7	0	0.0
672	68.2	284	28.8	227	23.0	81	8.2	65	6.6	2	0.2	12	1.2	1	0.1
812	54.7	292	19.7	351	23.6	76	5.1	75	5.1	6	0.4	10	0.7	2	0.1
1,051	66.4	354	22.4	453	28.6	112	7.1	114	7.2	8	0.5	7	0.4	3	0.2
1,503	59.4	577	22.8	685	27.1	123	4.9	95	3.8	8	0.3	12	0.5	3	0.1
661	43.7	372	24.6	198	13.1	54	3.6	30	2.0	0	0.0	5	0.3	2	0.1
378	76.4	110	22.2	186	37.6	49	9.9	26	5.3	1	0.2	5	1.0	1	0.2
1,398	51.5	616	22.7	569	20.9	114	4.2	79	2.9	6	0.2	12	0.4	2	0.1
608	44.4	318	23.2	199	14.5	41	3.0	41	3.0	1	0.1	7	0.5	1	0.1
1,434	50.5	621	21.9	532	18.7	146	5.1	114	4.0	4	0.1	11	0.4	6	0.2
208	59.3	52	14.8	96	27.4	24	6.8	32	9.1	0	0.0	3	0.9	1	0.3
865	42.8	481	23.8	271	13.4	68	3.4	36	1.8	4	0.2	5	0.2	0	0.0
768	31.4	414	16.9	205	8.4	88	3.6	53	2.2	2	0.1	3	0.1	3	0.1
1,465	38.8	1,013	26.8	287	7.6	101	2.7	54	1.4	4	0.1	5	0.1	1	0.0
914	15.0	728	11.9	108	1.8	53	0.9	22	0.4	0	0.0	3	0.0	0	0.0
1,239	20.3	855	14.0	227	3.7	91	1.5	51	0.8	7	0.1	7	0.1	1	0.0
790	33.8	373	16.0	247	10.6	112	4.8	40	1.7	10	0.4	5	0.2	3	0.1
75,763	33.7	38,660	17.2	25,065	11.2	7,229	3.2	3,952	1.8	249	0.1	439	0.2	169	0.1
63,935	34.0	32,605	17.3	21,032	11.2	6,177	3.3	3,442	1.8	183	0.1	317	0.2	179	0.1

表5　都道府県別いじめの発見のきっかけ

都道府県		学校の教職員等が発見		学級担任が発見		学級担任以外の教職員が発見（養護教諭、スクールカウンセラー等の相談員を除く）		養護教諭が発見		スクールカウンセラー等の外部の相談員が発見		アンケート調査など学校の取組により発見	
		件数（件）	構成比（%）	件数（件）	構成比（%）	件数（件）	構成比（%）	件数（件）	構成比（%）	件数（件）	構成比（%）	件数（件）	構成比（%）
1	北海道	4,363	70.4	362	5.8	80	1.3	14	0.2	2	0.0	3,905	63.0
2	青森県	626	51.1	101	8.3	41	3.3	7	0.6	4	0.3	473	38.6
3	岩手県	1,856	55.2	278	8.3	73	2.2	17	0.5	3	0.1	1,485	44.2
4	宮城県	15,133	85.5	1,224	6.9	151	0.9	64	0.4	18	0.1	13,676	77.2
5	秋田県	1,250	70.5	139	7.8	17	1.0	11	0.6	1	0.1	1,082	61.0
6	山形県	4,066	69.1	337	5.7	66	1.1	11	0.2	0	0.0	3,652	62.0
7	福島県	606	49.7	190	15.6	29	2.4	7	0.6	6	0.5	374	30.7
8	茨城県	4,780	67.4	1,280	18.0	177	2.5	31	0.4	15	0.2	3,277	46.2
9	栃木県 1	,693	56.5	307	10.2	86	2.9	7	0.2	8	0.3	1,285	42.9
10	群馬県	1,036	53.8	171	8.9	55	2.9	7	0.4	6	0.3	797	41.4
11	埼玉県	2,478	52.1	891	18.7	155	3.3	29	0.6	11	0.2	1,392	29.3
12	千葉県	22,548	76.0	3,409	11.5	368	1.2	117	0.4	124	0.4	18,530	62.5
13	東京都	3,572	52.6	1,162	17.1	198	2.9	33	0.5	44	0.6	2,135	31.4
14	神奈川県	3,607	43.1	1,544	18.5	309	3.7	29	0.3	16	0.2	1,709	20.4
15	新潟県	1,299	42.5	341	11.2	196	6.4	23	0.8	3	0.1	736	24.1
16	富山県	336	33.2	147	14.5	54	5.3	8	0.8	5	0.5	122	12.0
17	石川県	435	46.1	86	9.1	38	4.0	7	0.7	4	0.4	300	31.8
18	福井県	319	37.1	119	13.8	32	3.7	2	0.2	1	0.1	165	19.2
19	山梨県	2,099	74.5	346	12.3	36	1.3	6	0.2	1	0.0	1,710	60.7
20	長野県	650	41.5	210	13.4	49	3.1	12	0.8	2	0.1	377	24.1
21	岐阜県	1,475	41.1	462	12.9	163	4.5	29	0.8	4	0.1	817	22.7
22	静岡県	2,922	51.9	637	11.3	166	2.9	41	0.7	13	0.2	2,065	36.7
23	愛知県	6,904	53.4	1,479	11.4	327	2.5	52	0.4	33	0.3	5,013	38.8
24	三重県	800	50.8	201	12.8	53	3.4	6	0.4	0	0.0	540	34.3
25	滋賀県	897	33.7	487	18.3	159	6.0	28	1.1	5	0.2	218	8.2
26	京都府	23,711	93.8	1,780	7.0	93	0.4	27	0.1	2	0.0	21,809	86.3
27	大阪府	6,080	58.7	2,229	21.5	495	4.8	61	0.6	59	0.6	3,236	31.2
28	兵庫県	3,399	49.3	1,262	18.3	631	9.2	50	0.7	2	0.0	1,454	21.1
29	奈良県	3,361	79.2	255	6.0	34	0.8	6	0.1	5	0.1	3,061	72.2
30	和歌山県	2,372	80.0	273	9.2	48	1.6	8	0.3	1	0.0	2,042	68.8
31	鳥取県	227	41.7	72	13.2	43	7.9	10	1.8	1	0.2	101	18.5
32	島根県	313	31.8	149	15.1	62	6.3	10	1.0	0	0.0	92	9.3
33	岡山県	673	45.3	263	17.7	80	5.4	5	0.3	0	0.0	325	21.9
34	広島県	531	33.6	214	13.5	88	5.6	7	0.4	1	0.1	221	14.0
35	山口県	1,027	40.6	298	11.8	134	5.3	18	0.7	6	0.2	571	22.6
36	徳島県	853	56.3	294	19.4	40	2.6	3	0.2	1	0.1	515	34.0
37	香川県	117	23.6	53	10.7	28	5.7	4	0.8	0	0.0	32	6.5
38	愛媛県	1,319	48.5	234	8.6	61	2.2	5	0.2	0	0.0	1,019	37.5
39	高知県	760	55.6	179	13.1	49	3.6	5	0.4	4	0.3	523	38.2
40	福岡県	1,405	49.5	259	9.1	109	3.8	21	0.7	1	0.0	1,015	35.8
41	佐賀県	143	40.7	33	9.4	18	5.1	1	0.3	0	0.0	91	25.9
42	長崎県	1,157	57.2	369	18.2	50	2.5	4	0.2	5	0.2	729	36.1
43	熊本県	1,680	68.6	285	11.6	51	2.1	11	0.4	5	0.2	1,328	54.2
44	大分県	2,312	61.2	631	16.7	55	1.5	31	0.8	11	0.3	1,584	41.9
45	宮崎県	5,188	85.0	291	4.8	38	0.6	20	0.3	7	0.1	4,832	79.2
46	鹿児島県	4,854	79.7	680	11.2	61	1.0	23	0.4	1	0.0	4,089	67.1
47	沖縄県	1,545	66.2	505	21.6	132	5.7	16	0.7	5	0.2	887	38.0
合　計		148,777	66.3	26,518	11.8	5,478	2.4	944	0.4	446	0.2	115,391	51.4
平成26年度		124,137	66.0	22,726	12.1	4,378	2.3	779	0.4	607	0.3	95,647	50.9

さらに言うと、調査が毎年定期的に繰り返されるうちに、上部機関への煩雑な報告自体が目的化してしまい、「全国統一学力テスト」のように、自治体間で数値競争（認知発生件数や解決率等）が起きる恐れもあり（既に一部で気になる報道も見られる）、これでは何のための調査かわからなくなってしまう。

実は私が、いじめ防止対策推進法に関して危惧している点は、文科省のいじめ防止対策協議会が取りまとめた報告（平成28年11月）の中でもいくつか取り上げられているのだが、この「現状と課題」の項目の主なものを列記してみよう。

①いじめ認知件数に係る都道府県格差が大きい（約30倍）。いじめの認知件数が0件の学校が全体の43・5％もある。
②教職員にいじめを認知することの抵抗感がある。
③学校いじめ防止基本方針が教職員に周知されておらず、基本方針に基づく対応が徹底されていない。
④学校のいじめ対策組織が、単なるいじめの情報共有の場となっており、十分に機能していないケースがある。
⑤教職員の日常業務は膨大であり、いじめ対策組織への報告や、参集して対策を検討する余裕がない。

⑥学校として全てのいじめについて、発生後、即時に教育委員会等に対して報告することは困難である。
⑦アンケート調査実施後における結果の評価、個別面談等の対応が行われていないケースがある。
⑧いじめへの対応で保護者との信頼関係を築けず、指導や支援が円滑に進まないケースがある。事実認定の際加害者が否認するなど膠着状態となるケースがある。
⑨いじめの被害者やその保護者が重大事態であると申し立てたにもかかわらず、直ちに重大事態として扱わないケースがある。
⑩いじめ防止対策推進法の内容を十分に理解しないまま教職員として採用される者や、多忙でいじめ防止等の対策の内容を学ぶ機会のない者が存在する。

学校現場サイドの人間からすれば、特に①⑤⑥⑧⑨など、当然の結果だと思うのだが、これらの課題に対する協議会の「対応の方向性」の記載を見て、私は呆れると同時に言いようのない恐ろしさを感じた。以下その内容を抜粋する。

①→「いじめの認知件数が低い都道府県に対し、認知が適切に行われているか、文部科学省が個別に確認・指導を行う」

②↓「いじめの認知の取組みのための結果、実態を反映して認知件数が増えることは、肯定的に評価されることを周知する」

③↓「いじめの発生状況、学校の基本方針に基づく取組み状況を、学校評価の評価項目に位置づけるよう促す」

④↓「教育委員会等が、学校のいじめ対策組織の活動状況を点検する」

⑤↓「教職員の業務負担軽減の推進とともに、日常業務の優先順位において、自殺予防、いじめ対応を最優先事項に位置づけるように促す」

⑥↓「教育委員会が積極的に学校を訪問して状況確認するとともに、報告することによるメリット（外部専門家による支援等）を示しながら対応を促す」

⑦↓「迅速な対応を徹底するとともに、アンケートや個人面談の実施状況を教育委員会等が点検を行う」

⑧↓「加害者とその保護者にいじめの事実を正確に説明し、保護者も学校と協力して加害者を指導するように促す」

⑨↓「児童生徒や保護者から重大事態に至ったという申し立てがあった時は、重大事態が発生したものとして報告・調査に当たることを徹底させる」

⑩↓「全ての教職員がいじめ防止対策推進法の内容を理解するよう、免許更新講習や教員研修等で法の内容が位置づけられるよう、方策を検討する」

本当に、これでいじめがなくなり、学校や子供が良くなると思うだろうか?

文科省の主張を一言でまとめれば、「なぜいじめ防止対策推進法の遵守が徹底できないのだ! 教育委員会はもっとしっかり学校を監督し、指導しろ! 教員が真剣に取り組むように研修等しっかり行え!」といったところだろうか。ここから見えてくるのは、下部組織(学校)や部下(教師)が信用されず、上から一方的に管理や指導が強化されている状況である。その背景には、自分達の決めたことが徹底されないエリートの苛立ちがあるように思う。

しかし、これらの対応が現実に実行されれば、学校(教員)はもちろん、教育委員会までもますます多忙になり、業務量が限界に達して、報告ミスや漏れは多くなるだろう。この業務量に関連した⑤については、個人的には憤りすら感じる。教師にとって、学校管理下における児童生徒の生命・安全確保は当然最優先事項であり、授業やHR、掃除、部活などの中でも、いじめの兆しや悩みはないか注視しており、今も昔も変わりはない。しかし、このような文を明記することによって、授業・教科指導、一般的な生活指導、教務・成績処理、担任指導(日記や掃除、クラスの仕事等)、進路指導よりも、年何回ものいじめアンケート調査の実施・集計・報告と、それに関する個人面談、いじめや自殺に関する研修・講演会や会議など、いじめに関する具体的な業務が日常的に最優先され、本務が後回しになるという本末転倒の事態となってしまうのだ。結果として、本来重要視されるべき学校の教科指導や生活指導がおろそかになるため、児童生徒にじっくり向き合う時間が減り、高めるべき校内におけるいじめの気づき率・発見率も逆に低下してしまうだろう。

また、どう考えても②の「認知件数が増えれば評価される」ことはおかしくはないだろうか？　上部組織が、「学校は隠蔽するから信用できない」として、いじめを見つけることに躍起になるから、どこぞの県のように認知件数が多いことを自慢するようになる。やがては認知率の高さを争うというおかしな数値競争になってしまうのではないか心配になる。本来やるべきことは、実際に起こっている個々のいじめをどのように解決し、被害者のダメージを回復させ、人間関係を修復させるか、であって、いじめの認知数を増やすことでも報告を厳格化することでもない。文科省統計の「いじめの相談先や対応方法」を見ても、ほとんどのいじめは、上部組織へ報告しなくとも、当事者（学校・子供・保護者・SCなど）で対処ができる。訴訟や逮捕となるようなケースや、文科省が言う「重大事態」に該当するケースだけ報告すればよいのではないか。

⑧⑨については、この本のいたるところで指摘しているように、絶対に事実を認めず、学校との対立が避けられない子供や保護者がいるという現実を、まったく考慮していない理想論である。

結局、文科省はアンケート調査を実施し、結果発表と今後の方向性さえ示せば役割は果たしたと自己満足しているようである。手段が目的化していくようでは、いじめ問題の真の解決にはつながらないのである。

外部通報制度の問題点

近年、自治体や教育委員会でも、教員の倫理違反やいじめなど生徒指導問題の情報を、匿名でも受け付ける窓口を設置するところが増えているようだ。匿名なら気楽に話せるため、情報提供量が増え、いじめの事実も把握しやすくなると思われるのだが、やはり気をつけねばならない点がある。

学校の生徒指導と比較するとわかりやすいのだが、児童生徒の実名を挙げて不法行為を指摘する通報が学校にあったとしても、匿名の場合には、「今どこそこで何々している!」といった現在進行形でない限り、すぐに動かない（調査しない）のが原則である。なぜならば、名指しされた児童生徒や、その保護者を貶めるための偽情報の可能性も拭い去れず、実際に私も何度かそういう情報を受けたことがあった。それでも、学校は一通り話を聞き、内容の具体性・関連性などから情報の信憑性を判断していくのだが、なかなか名乗ってくれない場合には、「調査結果を報告したいので、連絡先を教えてください。あなたが情報源と特定されないように、学校が責任をもって対応いたしますので」

という言い方をして、名前・電話番号（住所）を聞きだすのである。それでも教えてくれない場合には、

「申し訳ありませんが、児童生徒の名誉・人権に関わることですので、お名前を教えていただけなければ、全体に注意はできてもご指摘の児童生徒から直接聞き取ることはできませんのでご承知ください」

という返答をする。

なぜ、このような一見不親切な対応になるのかといえば、仮に不確かな情報によって児童生徒を犯人扱いするような聴取をした場合、本人よりむしろ保護者のほうが、人権侵害で訴えてくる可能性が考えられるからである。もちろん実際には、匿名の場合であっても、情報（日時・場所・内容・頻度等）がきわめて具体的であれば、間接的に周辺から情報を集め、裏が取れたうえで該当児童生徒を聴取することにはなるが、焦らず時間をかけて調査していく慎重さが求められる。

たとえ教育委員会などに寄せられた偽情報は一部であっても、すべての情報を鵜呑みにして動いてしまったらどうなるだろうか？　まだ被害者情報や相談だけなら「取り越し苦労」程度で大きな問題にはならないが、加害者を名指しした情報は子供を犯罪者扱いするようなデリケートな問題だけに、間違えた場合には、当事者（保護者など）や世間から、厳しい批判と責任追及がなされるだろう。

よくよく考えてみれば、自分にやましい点がなければ本名を明かすのが普通であり、情報提供者が名前を明かさない正当な理由は、自分に仕返し等の被害が及ぶことが心配だからである。

だから受付応対者は、情報提供者の不安を払拭するため、ていねいかつ自信にあふれる口調で、「情報源と特定されないように責任を持って対応すること」を、しっかり伝えるべきなのである。さらに、通報によって万が一不利益を被るようなケースも想定し、いざとなれば警察への依頼や、裁判訴訟等の対抗手段が取れることを示せればなお良いと思う。

いずれにしても、情報が事実なら名誉棄損には当たらないから、名指しされた相手側がリスクを冒してまで、情報提供者を調べ上げ、仕返しに執念を燃やす可能性は低い。そう考えると、自治体や教育委員会が、情報提供者等の個人情報が漏洩しないようにセキュリティを高め、市民が安心して実名で情報提供できるような体制を構築することが、いじめ問題においても、迅速で効果的な対応・解決につながると思う。

5　高まる保護者の不安・不信感

これだけいじめに関する全国的な報道がされれば、保護者の中には、自分の子供がいついじめられはしないか、不安を抱く人も多いのではないだろうか？　ネット社会特有の不確かな情報も入り乱れる中で、もしわが子がいじめられているという話を聞こうものなら、我を失いすぐに学校や教育委員会などへ訴え出るケースは確実に増えていくだろう。

たとえそれが当事者間で解決できるレベルの軽度のいじめや、そもそもいじめに該当しないものであっても、直接教育委員会が訴えを聞けば、いじめ防止対策推進法の流れに沿って調査・報告・会議が行われることとなり、そのための時間も人手も必要になる。また学校へ通報があった場合も調査するのは当然だが、いじめ防止対策推進法第二十三条二項を厳密に遵守すれば、教育委員会や地方公共団体に報告しなくてはならないから、その手間や労力は、教育委員会への直接通報の場合と大差がない。

さらに、いじめは被害者・加害者を明確に線引きできるケースばかりではない。特に身体の傷害や物的被害を伴わない言動や心理的な圧迫は、解釈の違いから話し合いが平行線をたどることもよくある。名指しされた加害者側が、わが子を守るためにいじめを認めなかったり、逆に人権侵害で訴えたりするケースすらあり、現に私は何度も目の当たりにしている。

そして、保護者がこの第二十三条一・二項を積極的に活用しだしたらどうなるか？

もし訴えのあったすべてについて教育委員会などが対応しようとすれば、文科省統計から概算して、都道府県単位で年間数百件も扱わなければならなくなる。一つの案件がたった一日で解決するとは考えにくく、スタッフの人数からみてもこれは物理的に対処できないレベルである。保護者からすればせっかく意を決して訴えたのに、なかなか解決に至らないことで、かえって不安やストレスは増幅されることになる。

このように、法律が適用され、保護者の権利・人権意識が高まることによって、問題が必要以上にエスカレートし、かえって解決を遅らせるケースが増えていくことが危惧される。

6　情緒的なマスコミの過熱報道による弊害

極めて特殊な事件の一般化

マスコミは、特に子供に関係した大事件が発生した際、国民の関心を引くため、きわめて稀な事件であるにもかかわらず、いつどこでも起こりうるような危機感を煽り、過熱報道することが多いと感じる。

例えばいじめによる深刻な被害が外部情報により明らかになった時、「学校（教師）というものは、元来自分達が不利になるような事実を明らかにしたくないという隠蔽体質を持っている」などと、原因を既成事実であるかのごとく単純化した報道を繰り返すパターンが多い。このことは何も学校（教師）に限らず、どの職業・分野でも同様であり、職場内で重大な事故や犯罪が起きれば、その原因（過失・ミス等）や責任者探しに執念を燃やし、過熱報道をすることで国民にある種の固定観念を植え付けてしまうのだ。いじめ問題はまさにこの典型といえるだろう。

情緒的な結論ありきの報道

マスコミは、独善的としか思えない価値観に基づき、事件（事故）を結論ありきで報道することが多い。そう感じるのは、私がこれまで高校教師として長年学校現場において生徒指導の仕事に携わり、いじめや犯罪など一千件近くもの生徒の問題行動の解決に奔走してきた現場感覚と、明らかに異なるからである。

事件の詳細は拙著『実録・高校生事件ファイル』（共栄書房）に記載しているが、事例の中には特殊な環境におけるきわめて稀な事件もあり、その原因や解決手段をすべて一般化・マニュアル化できるわけではない。また、教育のように生身の人間を相手にする以上、「善人と悪人」といった単純な図式にはなりにくく、計算通りに事が運ぶほうが珍しいくらいである。つまり、いじめに限らず児童生徒の指導・対処法は、究極的には一人ひとり皆違うものなのである。

ところが、特に国民が関心を持ちやすい、子供が被害者となるいじめ問題などでは、客観的根拠は二の次にして、関係者を善（被害児童生徒）と悪（加害児童生徒・学校）に分け、情緒的に市民の感情に訴えかけるような報道をする。学校内でいじめによる深刻な被害が生ずれば、「社会正義」「弱者救済」の名のもとに、学校（教師）の管理責任追及に走る傾向があるが、もし子供が自殺でもしようものなら、必ずと言っていいほど、すぐ「いじめはなかったのか？」という報道がなされ、いじめと自殺を結び付けようとする。そして、少しでもその疑いがあれば、いじめたとされる児童生徒や自殺を防げなかった学校を加害側に位置づけ、自殺児童生徒を彼らの被害者・犠牲者としてクローズアップするという、ワンパターンな報道が繰り返される。

仮に報道がある程度事実であったとしても、過熱報道が死を美化・英雄化したり、死んで恨みを晴らそうとする子供を増やしたりするなど、かえって子供の自殺を煽ってしまうことになるのだが、悪者を裁くことに躍起になるあまり、この危険性は顧みられない。

こうした報道パターンになるのは、日本の国民性が情緒的であることも関係しているだろう。いじめという卑怯な行為は、加害児童生徒だけでなく強者である大人(保護者や教師)を悪者にして叩けば、国民が溜飲を下げることができる。マスコミは社会的強者=悪人、社会的弱者=善人という構図を好むが、自分達が強者であるにもかかわらず、「虐げられている弱者の代わりに強者を成敗してやる」と、思い込んでいるふしがあるのは大変怖いことである。

7 メディアに操られる一般市民・ブロガー

まず、いくつか質問をさせていただきたい。

Q1 あなたは今日のようないじめの問題が起こる原因は何だと思いますか?

予想される回答例としては、

・教育委員会や学校の隠ぺい体質と、教師のいじめへの対処能力が低いから
・学校や家庭が、絶対にいじめをしてはいけないことを、教育・しつけなどを通して徹底して行っていないから
・ネット依存社会により子供達の心の荒廃が進んだから

というような意見が多いかもしれない。では次の質問だが、

Q2　あなたのQ1の発言はご自分の考えですか？

気分を害した方がいるかもしれないが、当然自分の考えだと言う人は多いだろう。そこで、次の質問になるのだが、

Q3　では、そのご自分の考えの根拠となるものは何ですか？

すると多くの人はこう答えるのではないだろうか。

「そりゃあ、新聞やテレビとかインターネットだよ。何度も繰り返し報道されているし、信頼のおける有識者や教育評論家が、その中で話したり書いたりしているよ。我々の仲間やブロガーもほぼ同じような意見だし、それらを基に自分は考えている」

そこで、さらに突っ込んだ質問をさせていただく。

Q４　あなた自身は、マスコミに報道されたいじめ事件の現場を実際に見たり、当事者から直接話を聞いたりしましたか？

この質問には圧倒的大多数の方がＮＯと答えるだろう。なぜなら、大津の中学生いじめ自殺のような大事件になると、国民のほとんどがメディアから間接的に概要を知ることはできるが、直接当事者と話せる人間は、せいぜい数名～数十名に過ぎない。テレビ画面を通して、神妙な顔でもっともらしく語りかけるニュースキャスターや有識者も、いじめの現場に居合わせたわけではなく、間接的に得た情報に基づくコメントがほとんどだろう。確かに事が大きくなった後ならば、一部の当事者から直接話を聞くこともできるかもしれないが、既に情報が氾濫する中では、発言の客観性や中立性には疑問が残る。

ここで、もう一度問いたい。Ｑ１の回答はあなた自身の考えといえるだろうか？　失礼ながらマスコミや有識者の見解を鵜呑みにし、それを自分の意見に置き換えて述べているのではないだろうか？

それでも、

「確かに独自で調べたり検証したりはしていないが、事実を公正に伝えるマスコミや、経験豊富な有識者のコメントは信用できるから、同じような意見となるのは当然ではないか」と、反論する方もある程度いるのではないかと思う。ところがもし、マスコミや有識者が事実を正確に伝えていなかったら、また恣意的な解釈により偏向報道をしていたらどうなるだろうか。

現代の情報化社会において最も憂慮すべきことは、いじめ問題に限らず、実際に事件を見聞きすることなく当事者と同じ体験をしていない圧倒的大多数が、ブログやSNSを通じて無責任な意見や批判などを発し、その圧力が世の中に甚大な影響を及ぼすようになってしまったことである。もちろんまっとうな意見を述べている知識人や市民も、ある程度はいるのだが、今や正義を振りかざし、悪者とみなしたターゲットを徹底的に叩く勢力のほうが断然強いのである。

特に世間の注目を集めるような話題や事件では、虚偽とまではいかないまでも、マスコミや有識者などが、国民のウケを狙って分かりやすいストーリーを作り上げ、偏向報道をしがちである。営利企業であるマスメディアは、視聴率や売上が命であるため、わかりにくい多種多様な解決法では困る。世間の注目を集めるようなインパクトがあり、正義が悪をやっつけるわかりやすい構図の下に、市民が溜飲を下げられる解決法が彼らにとって必要なのである。そのような報道に洗脳・扇動された市民が、SNSや苦情電話などを通して、怒りの声を上げるケースが確実に増えているのだ。

基本的にどの職業においても、真面目に責任感を持って働く人のほうが圧倒的に多く、問題のある人間は一部に過ぎない。ところが、特定の職業・職務への批判が繰り返されると、その組織や社会に貢献している多くの職業人のプライドが傷つけられ、モチベーションを下げてしまうと同時に、若者にとって魅力ある働きたい職業から除外されてしまう。なり手が減ることで、年々その職業人の質・量とも低下してしまい、やがては日本社会にも大きな損失をもたらすことになる。特にSNSは、使い方によっては社会を破壊する地雷にもなることを、私達は肝に銘じておかなければならない。

8　手枷足枷状態の教師

教師の不祥事やミスは世間での注目度が高い。その理由として次の4点が背景にあると思う。

①社会的弱者である子供が、被害・不利益を受けることがあってはならない
②学校は児童生徒の生命・安全が保障されていなければならない
③教師は、児童生徒を最優先に考え対応しなければならない
④教師は聖職者で子供達の鏡であり、絶対に悪いこととしてはいけない

学校管理下で重大ないじめや事故などが発生した場合、①〜③が崩れてしまうため、学校（教師）の対応を問題視し、その責任を問うようになりやすい。もし、いじめを受けていたと疑われる児童生徒が自殺でもしようものなら、教師が直接の原因ではないにしても、「先生（学校）は、なぜ自殺を防げなかったのか？」というようなニュアンスで、教師の保護責任・管理責任を問われることが多い。

しかしながら、「全校生徒に一人でも自殺者が出たら、学校は保護管理責任を果たしていない」という考え方は一見正しいようだが、裏を返すと「先生が監督、指導観察、カウンセリング等しっかり行っていれば、自殺者は絶対に出ない」という全知全能の力を元来教師（学校）は持っていることになる。それは、教育のおごりではないだろうか？

一方で、教師としての責務をまったく放棄してしまうような人物も一部には存在するわけで、それはれっきとした事実である。しかし、ある生徒がいじめの被害を受け、担任教師の対応に問題があったような場合、それ自体は個別の問題でありながら、マスコミ・世論は担任個人にとどまらず、「教師」という職業としても批判しがちである。

確かに悪いことをした当事者が批判されるのは当然ではあるが、犯罪発生率が、職業別にはかなり低い部類（平成27年の警察庁統計による犯罪発生率：全職業人平均で約０・16％に対し、教員は０・０４３％）に属するはずの教師の不祥事を、新聞やテレビがあまりにも大々的に取上げるため、メディアリテラシーを備えていない国民であれば、「最近の教師は悪いことをする奴が多い」と印象操作され、個人への批判が、いつの間にか教師全体や学校への批判という大きなうねりとなっていく。

実はこのことは教員の世界だけの話ではない。「警察官の情報漏えい」「医師の医療ミス」「食品会社の産地偽装」「介護職員による虐待」など、特定の職業・業界を批判する例は挙げればきりがない。

アメリカなどで危機管理とは、各職場・仕事内容ごとに、どのくらいの割合でミスやルール違反・犯罪が発生しているかを過去データなどから計算し、予め生ずるリスクを考慮して目標値を定め、具体的な予防策等を施して被害・損害の縮小に努めることだという。つまり、最初からある程度のミスや犯罪の発生と、そのリスク・被害を想定した上で対策を講じるのであり、犯罪や不祥事をゼロにしようなどという非現実的なことは考えない。ところが情緒的な日本においては、特に医者や教師、警察官などお堅い職業人は皆完璧でなくてはならないのである。

また、校外で起こるトラブルについては、学校管理下での活動中を除いて、学校は生徒個人の法規違反の責任まで負うものではないはずだ。例えば高校生が自転車で下校途中、信号無視をしてあわや車と衝突しそうになったとしよう。ドライバーはその場で直接注意するか、悪質な場合には警察に通報すればよいと思うのだが、高校生に恨まれたくない気持ちでもあるのか、電話しやすい学校に怒りの矛先を向けてくる。

学校に言ったところで、生徒を特定できなければ問題が解決するわけではないのだが、収まらない怒りや不満のはけ口として学校を利用する。確かに応対した教師が苦情を親身に聞いてあげると徐々に怒りが収まり、学校への責任追及まで至らないケースは多い。しかし全てのケースではないにしろ、部外者の一方的で横柄な罵声や苦言、叱責をたびたび受け止める教師のストレスは計り知れない。

日本社会では高校生までを一人前とは見なさないためか、児童生徒関連の問題は、いじめに限らず校外で発生したことまでも、学校（教師）を親代わりと考えて、指導の責任を追及する傾向がある。この状況では、教科指導、教務・進路等の校務、担任指導、部活指導、研修会、会議、報告資料の作成などに加え、校外の指導までやらなければならない超多忙な教師が、いじめの発見や対応に、すべての精力をつぎ込めるはずはない。

第４章

実際に対処したいじめの事例

さて、文科省の施策やいじめ防止対策推進法の問題点を指摘し、批判するだけで終わってしまえば、私の主張は著しく説得力に欠ける。

やはり、実際に起こったいじめをリアルに伝えなければ、特に体験のない方は、いじめの実態をなかなか理解できないだろう。そこでこの章では、私が学校現場において、実際に発生したいじめにどう対処・解決にあたってきたのか、特にインパクトのある事例を通して伝えていきたい。

私にとって、いじめに関する案件だけでも、教師生命を賭ける覚悟で解決に奔走した大事件が幾つか頭に浮かんでくる。ただ、大事件に限らず、私と同様に学校現場の最前線で日々苦労しながらいじめ問題の解決にあたっている教師は、全国いたるところに存在することも忘れてはならないだろう。

なお、すべての事例において、個人情報保護のため、場所や人物・学校が特定・限定されるような情報や、その恐れのある言葉の使用・具体的表現は一切控えさせていただいた。

1 加害側弁護士との対決

最近学校現場でも、トラブルの調停を弁護士に依頼する保護者が増えつつあるようだ。

いじめの訴訟問題となると、被害者側が加害者や学校（教師）を訴えることを連想するのだが、実は加害者側であっても、事実認定や事後の裁定・懲戒に納得できなければ、被害者側や学校を訴えてくることは何も珍しいことではない。まさにその事例として、いじめの被害生徒と学校を守るために、私と生徒課職員が中心となり、約2か月に渡り加害側弁護士とせめぎ合った事件があった。

凄惨ないじめに隠された構図

2月のある日、勤務校の校長宛に一通の書留郵便が届いたのだが、それは1年男子生徒とその保護者の代理人を名乗る弁護士からの、自主退学勧告を不当とする撤回要求文書であった。なぜこんなことになったのか、話は1ヶ月ほど前にさかのぼる。

新年早々生徒課教員のところに1年女子生徒から、「部活内や校内で1年男子生徒が、陰湿ないじめ・暴力を受け続けている」という訴えがあった。かなり深刻な内容だったので、すぐさま生徒課職員が被害者として名前の挙がった生徒数名の事情聴取を行ったのだが、皆揃って口が固く、肝心なことはなかなかしゃべろうとしなかった。それもそのはず、教員が数時間以上かけて粘り強く聞き出したいじめの実態はすさまじいものだった。主だったいじめ・暴力行為を列記してみよう。

- 部室内で一年生部員に対し、暴力（殴る、蹴る、突き倒す等）を日常的に行う

- 部活終了後、特訓に名を借りた一方的なしごきを行い、武道場の隅に部員を追い込んで胸や首を圧迫する（失神した生徒もいた）
- 一年生部員に命令して、別の一年生への暴力行為（叩く、殴る等）を強要する
- 校外で、男子同級生に下半身を露出させ、撮影した画像を友達や同級生に流す
- 部室で男子同級生一人を取り囲み、集団でリンチする（他の被害生徒にも無理やり加担させる）

生命の恐怖すら感じる、いじめの度を越した凶悪犯罪といえる内容なのだが、実はこのいじめの首謀者は、意外にも被害生徒と同じ1年生だった。上級生のいないところで影のボスとして君臨し、同級生部員を意のままに操っていたのだ。これだけの恐怖を味わったら、被害生徒たちは仕返しを恐れ、なかなか被害事実を言い出せないのも無理からぬことである。

それでも学校としては、首謀生徒の更生の可能性について検討はしたのだが、いじめ行為の卑劣さ、暴力のすさまじさに加えて、被害生徒の不登校傾向がひどくなるなど、すでに相当なダメージを受けていた。仮に首謀生徒を厳しく指導して反省させ、再発防止を徹底したとしても、長い間いじめを受け続けた被害者は、顔を見るどころか同じ校内にいるだけでも、過去のトラウマがフラッシュバックしてしまうような危険な状態にあった。

学校の安全を守り、被害生徒が不登校→退学という最悪の事態に陥らないためには、厳しい

ようだが首謀生徒には進路変更してもらうしかなく、本人と両親を学校に召喚し、自主退学勧告を行った。すると親子共々事態の深刻さを真剣に受け止め、後日退学願いが提出され、学校はそれを受理した。

しかし、事件はここで収束することはなかった。その後、他の関係生徒を懲戒指導する過程で、1年生部員（A男とする）自身の証言などから、彼が加害者として事件に関与していたことが明らかになったのだ。さらに詳しく聴取すると、彼が被害を受けた事実はどこにもなく、首謀生徒とはほぼ対等の関係であった。つまりA男はずる賢くも暴力を振るわなかっただけであり、首謀生徒と行動を共にし、一連の多くのいじめ行為に関わっていたのである。特に同級生に下半身を露出させる卑猥な行為は彼が主導したこともあり、A男にも自主退学を勧告した。

ところがこの時点で、A男の両親と学校の間に、いじめの深刻さや本人の関与の程度について、認識のずれが生じていたのである。先の首謀生徒への退学勧告と時期がずれたことや、両親が学校側の退学勧告の説明をよく理解できなかったことも疑念増幅の要因となったが、両親が「息子は首謀生徒ほど、退学に値するような行為はしておらず、いじめの中心人物ではない」と認識していたことが、不信感の根底にあった。

このようにいじめは、身体的・物的被害が明確な傷害や恐喝など単一の犯罪行為と違い、行為の内容や被害の大きさ、与えた影響について、被害者側と加害者側の受け止め方に温度差が生じやすい。両親は疑問を直接学校にぶつける方法もあったはずだが、ちょうど知り合いに弁護士がいたため先に相談したらしい。弁護士は職業柄人権問題に敏感であるため、「その程度で退学させるのはおかしい」と憤りを感じ、A男の助太刀に乗り出したわけである。

保護者への根回し

私は送られてきた文書を読んだ時、事実関係への認識のずれを感じ、すぐ弁護士にアポをとったのだが、翌日来校した担当弁護士は自主退学勧告撤回要求の理由について、「公的な教育機関である高等学校が、一発退学を勧めるのは教育権・学校責任の放棄である。またA男君はいじめの首謀者ではなく、非行内容からいっても退学は重すぎる」と語気を強めた。私は、どの高校にもある客観的な生徒指導内規に則った措置であること、本人は首謀生徒とほぼ同列であったこと、陰湿ないじめ・暴力を受けた恐怖心から不登校になった被害生徒までいたことを理由に真っ向から反論した。結局話は平行線のまま終わり、弁護士は「新たな証拠をそろえて再度来校する」と告げて立ち去った。

弁護士の真剣かつ強気な姿勢を肌で感じた私は、学校側に手落ちがなかったか、すぐにいじめ・暴力の詳細（原因、行為の日時・回数・内容や被害の程度等）、退学勧告とその根拠、指導経過と生徒・保護者の反省状況等を丁寧に再確認したが、曖昧な事実関係や常軌を逸する指導措置など、相手側につけ込まれる点は見当たらなかった。

そして、弁護士の「新たな証拠集め」の一言により、私はもう一つ手を打った。A男の保護者と弁護士は、「A男の行ったいじめは退学に値するほどのものではない」という証拠集めに躍起となるはずだから、被害生徒とその保護者に対し個別に謝罪するとともに、退学撤回への同意を得るため、しつこくアプローチしてくるに違いないと思ったのだ。たとえ被害者の一家庭であっても同情心から崩されてしまえば、「退学に値しない」証言として利用されてしまう。私はすぐに校長他の管理職や部顧問と協議し、「部活動の保護者会」と「被害生徒（部員）保護者だけの連絡会」開催を決めた。

保護者会では事件の経緯、いじめ被害の詳細を報告し、特に上級生の保護者には首謀生徒2名に対する厳しい懲戒（進路変更）と、再発防止に向けての学校の取り組みについて理解してもらった。

一方、被害を受けた部員の保護者への連絡会では、部顧問同席のもと、私（教頭）のほうから以下の点について一つひとつ丁寧に説明した。

- いじめの発生から拡大への流れと、被害の詳細
- 学校の管理の甘さ、気付きの遅れについての反省
- 関係部員への今後の指導と、特に被害（ダメージ）の大きい生徒への継続的なケア
- 首謀生徒に対する厳しい懲戒（一名はすでに自主退学した）の履行
- 部活動再開までの流れ・目途（部員の心身の回復、練習・活動内容の改善、危機・安全管

理体制作りの進捗状況等による）

この後、A男がもう一人の首謀生徒とほぼ同等な立場で一連のいじめに関与していたことを説明したところ、その時は、A男が主導的にいじめに関与していたことに驚きを隠せない保護者も一部見られた。しかし、具体的ないじめの事実や学校や部の危機的状況が飲み込めたのか、全員が説明に真摯に耳を傾け、結果的には学校の方針に異を唱える保護者はなく、A男に対する退学勧告の方針を了承した。そして、現在弁護士が介入している状況を明確に伝えた上で、A男本人や保護者からの様々なアプローチが予想されるため、個別対応（特に子供の顔合わせや電話での応対など）をしないで、すべての家庭が足並みをそろえるよう丁重にお願いした。最後に、A男側との連絡窓口を学校に一本化し、今後の対応を学校に一任することを了承してもらい、被害者側の結束を固めることができた。

緊張のやりとり

約2週間後、弁護士がA男の両親と来校することになり、校長の同席を要求してきた。私は意識的に理由をつけて断った。まだ相手の出方が読めない状況下で、最高責任者である校長を矢面に立たせるのは危険すぎたからだ。

こうして2回目の話し合いが始まったのだが、席に着いた父親は指導申渡し時の気弱そうな表情とはうって変わり、最初から上目遣いに我々をにらみつけ、まるで別人のようだった。時々ペーパーを見ながら一人ひとりに矢継ぎ早に質問を浴びせ、我々の返答の言葉尻を捕らえしつこく追及を繰り返した。さらに父親は「なぜ息子の行為（いじめ・暴力の事実は認める）が退学に値するのか、文書で示せ！」と何度も強硬に主張した。

即答は危険と見た私は、「生徒の個人情報保護の観点から見せられない内容もあり、要望に応えられるかどうかはわかりませんが……」「紙面を渡すにしても最高責任者である校長の了解を得ないと……」などと、意識的に結論を先延ばしにした。弁護士はあまり前面に出ず、保護者と我々とのやり取りを聞きながらメモを取っていたが、突き崩せそうな人物やウィークポイントを見つけるや、冷徹に質問を浴びせてきた。私達はできるだけ慎重に言葉を選びながら受け答えをしたが、結局2回目の話し合いも平行線のまま時間切れとなった。

緊張状態の中、何とか相手の攻撃に持ちこたえたものの、私は両親の強い怒り・不信感を目の当たりにし（弁護士の戦法でもあったと思われる）、果たしてこのまま対決して大丈夫なのか、心の中で不安が大きくなり、その夜ほとんど眠ることができなかった。

もし弁護士と対決して負ければ、学校（校長）の責任、いや県の責任・賠償問題にまで発展しかねない。そうなれば判断ミスをした自分は辞職しなければならないかもしれない……夜通し布団の中であれこれ考えが錯綜する中、ふと思いついたことがあった。

「逆のパターンでシミュレーションをしてみたらどうなるだろうか？」

もし相手の要求を呑めば、A男は学校に復帰することになる。そしてこの情報を聞いた1人目の首謀生徒と保護者は、間違いなく退学の取り消しを要求してくるだろう。本人の謝罪や深い反省はあっても、これだけのいじめを受けた被害生徒の恐怖心が簡単に拭い去れるとは思えず、不登校や退学に追い込まれるリスクは大きい。こうした学校側の敗北が尾を引けば、在校生徒の学校生活を根幹から揺るがし、学校は崩壊するかもしれない――。

これで私の覚悟は決まった。A男本人も正直に認めた揺るぎのないいじめの事実がある以上、被害生徒だけでなく全校生徒・学校を守るために、どうしても弁護士との戦いに勝利しなければならないのだ。

考えがまとまった私は翌日早速行動を開始した。スペシャリストの弁護士に勝つためには、県教委の協力や後押しが絶対必要と考え、校長の許可をもらい、直ちに説明・相談に出かけた。幸いにも担当者から「卑猥な写真撮影や画像拡散などは重大な非行（進路変更レベル）」という見解が示され、これまでの方針を貫く決意を固めることができた。そして相手から要求のあった紙面による回答については、個人情報保護の観点から、氏名・個人が特定される事象や、不確かな証言・報告は一切記載せず、簡潔にA4判一枚にまとめることにした。

指導方針を貫く

3月上旬に3回目の話し合いが行われ、前回要求された退学に値する行為と指導経過を簡潔にまとめた紙面を弁護士に手渡し、自主退学勧告の指導方針に変更がないこと、年度内（3月末）がリミットであることを告げた。すると相手方は3月中旬での最終的な回答を約束し、わずか5、6分で話し合いは終わった。

3月中旬、弁護士が電話で退学勧告を拒否する回答を伝えてきたのだが、あとで考えれば、「学校は強硬に退学処分までは踏み切れないのではないか」という、弁護士の駆け引きではなかったかと思う。このままでは学校は年度内に退学処分を下すしかなく、A男の将来のためにもそれは避けたかったので、私は弁護士に対し、退学勧告受け入れに向けて最後の話し合いを要求した。

相手が求めに応じ、年度末に最後（4回目）の話し合いが行われ、校長も同席した。冒頭に私が自主退学と退学処分の違いや今後の影響について両親に説明し、自主退学勧告を受け入れるかどうか最後の意思確認を行った。ところが父親は回答どころか2回目の時の話を蒸し返し、また個々に私達を糾弾しはじめたのだ。この瞬間、私は相手方の手詰まりを感じ、その発言をさえぎるように攻勢に出た。

退学勧告を受け入れないなら年度内に退学処分するしかないこと、学校は一貫して自主退学を勧めており新たな進路先のため学年末テスト受験も許可したこと、A男君のいじめ自体が許容範囲を超えたレベルであることなどについて、意識的に語気を強めて主張したのである。

相手方は皆黙って聞いた後、母親はテストを受けさせてもらったことに謝意は示したのだが、最終的に自主退学勧告を受け入れることはなかった。結局私達は、3月末に退学処分の手続きに入ることを伝え、話し合いは打ち切りとなった。それでも私は年度末最終日まで連絡を待ったのだが、ついに申し出はなく、退学処分通知を本人・保護者に郵送してこの事件も一区切りとなった。

しかし弁護士まで乗出したのであるから、そう簡単にことが終わるはずはない。私は相手が直接県に訴え出ることを想定し、直ちに数十ページにも及ぶ調査報告資料を県教委に送り、第2ラウンドに備えたのだった。それからは毎日のように、相手側から県教委への訴えや裁判提訴等の動きがないか、常に注意を払っていた。この当時一日一日がとても長く感じられたことをよく覚えている。

そして夏休み前になって、別の弁護士から県教委への問合わせがあり、実際に一度だけ来庁したそうだが、指導主事の話を聞き勝訴の可能性はないと思ったのか、それきりだったという。

それ以後は何も起こらず、最終的に学校側の勝利となったわけだが、その要因がどこにあったのか分析してみると、以下の4点ではないかと思われる。

①今回の自主退学勧告が、よく言われる社会通念上常識の範囲内であり、言い換えれば加害生徒のいじめ・暴力が許容範囲を超えたレベルであったこと

②事実関係についてあやふやな点がなく、学校側の信憑性が高かったこと
③教師団が情報交換を密にし、言動のずれなく一丸となって対応したこと
④弁護士の動きや戦法を予測し、冷静に時には毅然とした態度で話合いに臨んだこと

2ヶ月もの激しいせめぎ合い後の勝利の味は格別と言いたいところだが、加害者とはいえ、大人のメンツに振り回された彼らのことを考えると、終結直後は一瞬ホッとした気持ちにはなったものの、時が経つにつれ、何か言いようのない虚しさ、やるせなさが心の中に広がっていった。

この事件から言えるのは、いじめは傷害、恐喝のようにわかりやすい有形の被害よりも、心の傷のように外見ではダメージの度合いを測れないものが多いため、明確な指導基準を定めにくく、被害側と加害側の間に、いじめに対する認識のずれが生じやすいということだろう。このずれが大きくなると、お互いに相手や学校への不信感が増幅され、感情的な対立に陥りやすいのだ。

そして、いじめには必ず被害者と加害者がいるため、被害者の救済は、場合によっては加害者を厳しく処罰することで達成される。ところが、子供が加害者であっても、親はできる限りわが子を擁護したいものだから、教育現場には難しい判断が迫られることもあるのだ。

2　同級生への卑劣ないじめ

教育困難校でのことだが、ある日私（生徒課長）が年休のため遅れて出勤すると、早速教頭から次のような話があった。

突然3年B男の父親が血相を変えて学校に乗り込んできて、「息子がいじめを受けて学校を辞めたいと言っている。いじめたやつは同級生のC男とD男だ。すぐにここに連れてこい！」と、すごい剣幕だった。普通は調査もせず、いきなり生徒を直接利害関係者に会わせることはしないが、今回は父親が納得いかなければすぐにでも警察に駆け込みそうな勢いだったので、もめないように自分と学年主任が立会い・監視するかたちで、C男・D男と直接話をさせることにした。

早速別室へ2人を呼び出したのだが、父親は彼らに対して息子へのいじめ・恐喝まがいの行為を、バックに暴力団でもいるような強い脅し文句で糾弾し、事実の承認と謝罪を要求した。C男とD男はその剣幕にひるみ、指摘されたいじめや恐喝まがいの行為（C男が1万円、D男が5000円を取る）をあっさりと認めた。概ね事実確認ができたため、今後の指導は学校に任せてもらうことを父親には了承して引き取ってもらい、今C男とD男を別室で待機させてある、という。

一通り話を聞いた後、私は早速2人の詳しい事情聴取に入ったのだが、知れば知るほどなかなか巧妙で卑劣ないじめであることがわかってきた。

恐喝まがいの悪質ないじめ

ある日体育の授業開始前に、C男が「キックボクシングをやろう」ともちかけ、逆らえないB男を同意させた。一応試合のかたちをとりB男も足を出すのだが、途中からは一方的にC男が蹴った。さらにその授業終了後、C男はB男を引き留めて、掛金1000円でバスケットのシュート競争を持ちかけたのだ。また蹴られるのが怖かったB男は仕方なく同意したのだが、運動神経が良く経験者でもあるC男が勝つことは明白であった。その後B男は次々と賭けゲームをやらされ、負けるたびに金額が跳ね上がり、最終的に1万円の負けになってしまった。支払いを催促されたB男は友達から借りるなど金を工面し、翌日C男に1万円を渡した。

一方D男は金を賭けた指立てゲームにB男を誘い込み、わずか5、6分の間に5000円分勝ち、やはり支払いを催促して金を受け取った。このように2人は賭けゲームという一見公平なかたちをとりながら、実態は強者の2人が弱者のB男に対しプレッシャーをかけ、卑劣にも逆らえない状況下で、繰り返し金銭を受け取るという恐喝と同等の行為をしていた。その他にも、格闘技の技術を身につけていたD男は、休み時間に一見柔道の乱取りのようなかたちをとりながら、毎日ふざけてB男を投げ飛ばし、襟を絞める行為までしていた。こんないじめや恐喝まがいの行為を連日繰り返されれば、B男が学校に来られなくなるのも無理はない。

今回のいじめだけでもきわめて悪質・卑劣なのだが、B男が不登校に陥り「学校を辞めたい」と漏らすほど、極限まで心理的に追い詰められたことや、2人とも指導の前歴があったことも含めると、学校に残れる可能性は極めて低かった。そこで私はC男とD男の保護者に事実関係を説明した上で、今後の進退について厳しい見通しを伝えた。

しかし、子供の進路変更ともなれば、親は何としても学校の退学勧告を撤回させるために躍起になる。自分の子供が卑劣ないじめ行為によりB男を退学の瀬戸際まで追い込んだ事実はそっちのけで、我が子をやめさせまいとして、あの手この手で学校側にゆさぶりをかけてきた。

特にC男の父親は屈強で、何度も自主退学勧告を拒否した。それは息子を辞めさせたくないという純粋な思いと、「学校は退学処分にまでは踏み切れないだろう」という読みもあったと思う。その後C男の父親は、B男の父親から2人を退学させない同意を取り付けた上で、数日後再度、退学勧告の撤回を要求してきた。

それでも私達が応じないと、今度は両親揃って来校し、父親が次のような主張を始めた。

B男は無断でバイクの免許を取得し乗り回しているが、学校は知っていたか?

B男は元々欠席傾向のある子でその理由もはっきりしないし、ずる休みではないのか? だからいじめが不登校の原因ではないのではないか。

息子以外にももっとひどいいじめをしている生徒がいるし、万引きや暴走族まがいの行為をしている者もいる。二人だけ辞めさせるのは片手落ちではないか？

つまり父親は、「うちの子も悪いが他の子供たちも同じように悪い。一方だけクビにして良いのか？　不公正を糾弾するぞ！」と言いたかったのだろう。

実はこれはよくある手で、学校側の弱みやミスにつけ込み、教師をひるませ、退学勧告を取り消させようとしたわけである。

それに対し、私達は動じることなく次のように回答した。

まず、B男のバイクの件については初耳である。早急に調査し事実関係を確かめ、事実なら本校の生徒指導内規に照らして謹慎等の指導を行う。

B男の欠席は極端に多くはなく、10月に5～6日ほどであるが、11月はB男の父親が来校した1週間ほど前から急に連続して欠席し、遅刻・早退も明らかに増加している。理由の詳細は後ほど確認するが、いじめの影響であると思われる。

同学年のいじめの噂は2、3件聞いている。これから詳しく調査し、事実であれば行為の内容によって謹慎や自主退学勧告等の措置をとることになる。

そして最後に、私は丁寧だがきっぱりとした口調で、

「B男君の問題行動がはっきりすれば学校はきちんと指導します。でも息子さんの起こした事件はまったく別件であり、懲戒内容は変わりませんよ」

と両親に念を押した。

その後の調査でC男の父親の情報通り、B男のバイク無断免許取得が判明したので、私はすぐ父親に電話を入れた。

「お父さんの情報通り、B男君の無断免許取得・バイク乗り回しは事実でしたので、早速本日申し渡しを行い謹慎指導に入りました。ご指摘のあった他のいじめ行為については現在調査中で、もうしばらく時間がかかると思います。それから『退学処分にしてくれ』という件ですが、これまで説明した通り、本人の将来の道を閉ざさないため、教育的配慮により自主退学を勧告する学校の方針に変わりはありません」

すると後日父親から退学願いが提出され、この事件もやっと終息を見たのだった。

自分の基準だけで教育現場は語れない

いじめに限らず、どんなに悪いことをした生徒であっても、卒業まで面倒をみながら指導を通して更生させていくことが学校教育の役割であることは間違いない。しかし、そのために被害者のほうが退学や不登校になってしまう事態は、絶対に避けなければならない。

皆さんは教育問題を語る時、無意識のうちに自分の出身校や我が子の通学校を基準にしてはいないだろうか？　進学校などで学生時代を過ごし、現在仕事や人生そのものもある程度順調である方は、「高校生は厳しい規則で縛らなくても、迷惑をかけない常識的な行動ができるはずだ」「たとえ魔が差していじめたとしても、自ら反省し、再び過ちを繰り返すことはない」

と、思いがちかもしれない。しかし、残念ながら現実の学校現場は、そんな模範的な生徒ばかりではなく、特に教育困難校では学習意欲や目的意識に欠け、教師や同級生を表面的・物理的な力関係で見る生徒が多い。

皆さんはまじめな生徒たちが次々と授業崩壊で学習権を奪われたり、ワルにいじめられて学校での居場所すら失ったりする事態を想像できるだろうか？　私は実際にワルが居座ったために、そのクラスのまじめな子たちが五人、六人と退学していくのを目の当たりにした歯がゆさを、決して忘れることはない。

多種多様ないじめやその被害・影響の大きさを踏まえれば、文科省や教育委員会の基準通り一律に加害児童生徒の懲戒・指導を行うことが、現状にはそぐわないことをぜひわかっていただきたい。

挫折体験があっても人は成長できる

このいじめ事件からわかったことをまとめてみよう。

いじめは相対的な力関係により、強者が加害者、弱者が被害者になるパターンが圧倒的であり、被害者は仕返しを恐れて一人で抱え込むことが多い。

そしてやはり、子供の進退問題が絡めば、加害者の親はあらゆる手段を使って退学阻止に動くが、退学の瀬戸際に追い込まれた被害者を救うためには、加害者を厳しく処罰せざるを得ない。この現実に対し、日本社会では、特に未成年の事件に対する学校の懲戒指導について、法的な判断（刑罰）よりも、情緒的な判断（温情・教育的配慮等）を優先したい思いが根強くある。

こういった現実と世間のギャップを踏まえた上で、いじめ対策は講じられなければならないのである。

ところで加害者のC男とは、彼が成人してから偶然居酒屋で再会したことがある。私に限らず、教師にとって問題行動で自主退学していった生徒達と顔を合わせるのは正直辛い。いくら本人が悪いことをしたにせよ、すっきりしたかたちで辞めていった者ばかりではないわけで、教師や学校を恨んでも不思議はないからだ。しかし一方で、彼らが立ち直って前向きに人生を歩んでいるのか、どんな生活をしているのか、いつか様子を見たいという気持ちもまた強くなっていくものではないだろうか。

あの時、私の隣の席に座ったC男が発した言葉は、今でも私の脳裏に焼き付いている。

「正直言って退学させられた時は悔しかったし、先生方を恨みもしました。でもその後親父の仕事を手伝うようになり、世の中がどういうものかその厳しさがわかるようになりましたし、高校時代の自分がいかに甘えていて、わがままだったのか本当に気付かされました。今は若い社員を使ったりする指導的な立場になり、たいへんやりがいを感じていますので、高校中退という引け目はありません」

彼は穏やかだが迷いのない生き生きした表情で、こう話してくれたのだ。

高校時代人の弱みにつけ込んで金を巻き上げたりした当時のC男を思い出し、私は何か胸に熱いものがこみ上げてくるのを感じた。この出来事は、彼を卒業させることができなかった負い目を心のどこかで感じていた私に、大きな挫折体験があっても人間は成長できることを教えてくれた。私は教師人生で最高ともいえる感動を味わったこの日を一生忘れないだろう。

3 いじめがエスカレートした2人組

ある定時制高校1年のクラスで、素行の悪い男子2人組がおとなしい同級生数名に対し、毎日のように執拗ないじめを繰り返していた。あまりのひどさに耐えきれなくなった被害生徒が、教員に訴えたことによりその事実が明らかになったのだが、それはふざけの度をはるかに超えた、暴力を伴うほどのいじめであった。その内容を列記しよう。

- 休み時間や、時には授業中にもふざけ半分に殴られ、痣ができた
- ガンを飛ばされ、いつまでも言葉責めされる
- 書道の授業中、字を書いている時に文鎮などでしょっちゅう作品を破られた
- 休み時間にからかってくるが反抗すると蹴られ、跳び蹴りもされた

・体育の授業でプールに何度も沈められた
・水泳の授業で着替えの時タオルを取られそうになった
・携帯電話を取られ、中の電話帳の番号に勝手に電話された
・いすをひっくり返された
・プロレスのまねで首を絞められた
・しょっちゅう「オタク」「変態」呼ばわりされる
・上履きを取られて隠された
・お弁当を勝手に食べられ、床に落とされたこともあった
・体育の授業でペアを組んだ時、失敗すると罵声を浴びせられた
・何度もたかられ、缶ジュースをおごらされた

なんと犯罪（暴力・傷害等）にあたるようないじめまである。しかし、いじめの事実認定は、多くの方が思っているほど簡単なものではなく、被害者の証言だけではなかなか立証できない。金品をとられたとか、全治何週間の怪我をしたとか、明白な被害があれば加害者にいじめ（犯罪）を認めさせることはできるのだが、言葉や目つき、態度などは人の受け取り方に温度差があるため、えてして「いじめたつもりはない」とか、言った・言わないの水掛け論になりやすい。ましてや、絶対に事実を認めない児童生徒や保護者がいたり、どちらがいじめた側なのか、

真実がなかなか把握できないケースすらあったりする。

したがって解決に至るためには、加害者自身が素直にいじめを認めるか、確実な物的証拠や複数証言等を積み重ねられない限り、いじめ行為の現場を押さえるしかないのだが、ずる賢い巧妙な子供はなかなかボロを出さない。だから、正義感に燃えていきなり謹慎等の懲戒で追い込む指導を試みても、加害親子の抵抗にあって事実確認に手間取ることも考えられる。もし中途半端な追及で逃げ延びられてしまえば、逆に被害生徒の方がプレッシャーを受け、下手をすれば陰で報復され、不登校や退学に追い込まれることにもなりかねない。

私達は先手を打って、すぐさま該当の親子2組を学校へ呼び出した。厳密に懲戒指導（謹慎等）を行おうとすれば、加害側が納得できるような明確な証拠・証言を提示しなければならないが、膨大ないじめ行為が報告されたため、一つひとつの事実確認にこだわっていれば、証拠不十分のいじめ行為もあり、聴取に時間がかかりすぎてしまう。そうしている間にも、勇気を出して告発した被害生徒が加害者から受けるプレッシャーは計り知れない。

事実認定よりも再発防止を優先

そこで、私は個々の細かな事実認定にはあまりこだわらず、何らかのいじめは実際にあったと断定し、彼らを厳しい口調で説諭した。ただ、一方的に追い込みすぎると、〝窮鼠猫を噛む〟ではないが、いじめかどうかあやふやな行為を持ち出し、「そんないじめはしていない！」

と反論してくる可能性があるので、加害親子が学校に対してありがたみを感じるように、いじめの行為に対し本来は行うべき謹慎指導をせず、訓戒（厳重注意）にとどめることにした。そのかわり、二度と繰り返させないための歯止め（約束）を取り付けたのである。

- 自分はふざけただけのつもりでも、相手が苦痛に感じることを継続的に繰り返せば明らかに《いじめ》である。
- 殴る蹴るは《暴力行為》の範疇であり、痣が残れば《傷害》となり、れっきとした犯罪である。
- いじめが原因で被害者が不登校や退学にでもなれば大問題であり、加害者にはそれに見合う重さの厳しい懲戒を行うことになる。
- 今回は教育的配慮により、謹慎指導はせず厳重注意にとどめるが、もし今後もいじめを行った場合には、内容の軽重に関わらず、学校の指導に従う意志がないと判断し、学校を続けられるかどうか進退を問うことになる。

母子は最初とぼけたような態度だったが、途中から真剣に話を聞き、それからは一切いじめの否定や反論をすることはなく、結果的にはいじめを認めることになった。それは、指導を厳重注意に留めたことが彼らに一定の安堵感をもたらし、いじめの正直な承認につながったともいえるのではないだろうか。

ところで最近では、学校現場において直接教師が加害者を特定し、指導を加えることは段々と難しくなっている。これは少年法に基づく人権保護の壁が根底にある中で、誤認や事情聴取方法の問題（自白の強要など）、聴取時の環境（部屋の状態や聴取時間）、成績不振や素行不良への偏見等について、（加害側）保護者やマスコミ、人権団体などの厳しい目があるからだ。ほぼ加害者に間違いないという状況であっても、証拠や証言のあるなしに関わらず、児童生徒自らが罪を認めなければ、保護者が納得しないケースは確実に増えている。いじめの問題でも、特に懲戒指導に当たるような不法行為が絡んでいれば、加害者側の防御本能が働き、すんなり解決しないことも珍しくはないのである。

このいじめ事件から得た教訓をまとめてみよう。

荒れている学校やクラスでは、からかいやふざけといった軽度ないじめ行為は日常的に発生しやすい。そのような環境で被害生徒を救済し安心させるためには、状況によっては細かな事実認定にこだわるよりも、ある程度加害者に温情を示しながら、再発防止の歯止めをした方が効果的である。ただ、この時二度と繰り返させないような教師の迫真の説諭が必要だろう。

この説諭時には、加害側親子を同席させて指導し、二度といじめをしないことと、破った時のペナルティーを受け入れることをしっかり約束させるのが重要である。

4　どっちがいじめ？

ある高校で私が教頭をしていた時のことである。1人の女子生徒が、「同じ授業集団の女子生徒達から無視され、仲間はずれにされていて、教室に入れない。何とかしてほしい！」と、担任に訴えてきた。そこで担任は「いじめを受けたのか？」と心配して、学年職員と協力して調査にあたったわけだが、どうも一方的ないじめというわけではなく、女子生徒同士特有のメールのやりとりに絡んだトラブルのようだった。

隣のクラスの女子生徒達は、集団であからさまな嫌がらせをしていたわけではなく、訴えをした女子生徒と他の同級生とのメールのやりとりについて、休み時間教室内で噂をしていたらしい。ところが、ちょうどそこへ本人が入ってきたためビックリして会話を止め、無視するような態度をとってしまったことが直接の原因だった。訴えられた女子生徒達は日頃から問題行動などで目立つような生徒ではなく、「いじめだ！」といわれた言動も偶発的なものであり、継続性もなかったので、彼女達に注意をした上で、仲直りをさせれば簡単に済むと思われた。

ところがこの問題は、学年で最も幅をきかせていた男子グループが、友達である訴えた女子生徒の助太刀に乗り出したことから、思わぬ広がりを見せていったのである。学年主任や担任は訴えられた女子生徒達に、無視した行為について謝らせ仲直りをさせようとしたのだが、男子グループはそれでは納得せず、女子生徒達に対して謹慎等の厳しい指導を要求したうえに、「もし彼女がずっと授業に出られない場合には、あいつらを退学処分にしろ！」と、教師達に強硬な姿勢で迫ったのだ。さらに、この要求が聞き入れられないことがわかると、執念を燃やすグループ内の2名が、学校へ相談もせず、突然匿名電話で県教委にいじめの告発をしたのである。しかも、県教委情報によれば「このままいじめを放置していると俺のダチが黙っちゃいない」という脅し的な言い回しだったというからあきれてしまう。ただ、いくら信憑性に疑問があっても訴えがあった以上、県教委は対応しなければならないから、その後学校に問い合わせと調査依頼が来ることとなった。

一度は「厳重注意」で済ませたものの……

学校はこれまでの経緯を説明し、県教委の理解を得ることはできたが、事件が長引くにつれ、訴えられた女子達は、男子グループに執拗に問い詰められたことで精神的に参ってしまい、学校を休みがちになる生徒まで出てきてしまった。まさしく逆いじめの状態といえるが、そうした膠着状態の時、最も落ち込みのひどい女子生徒の伯父から学校に抗議の電話が入った。ちょうど私が応対したのだが、

「姪がいじめをしたと疑われて執拗な嫌がらせを受けたために、学校に行けないと言っている。学校はきちんと解決してくれるのか？　このまま収まりがつかず、姪が学校に行けなくなった

らどうしてくれるのだ！　私は到底相手を許せないから、黙っていないで出るところに出るぞ！」

と、相当な剣幕だった。私は話を親身に聞いたうえで、学校として必ず責任を持って解決することを約束し、何とか伯父の了解を得ることができた。

ただ会話の様子からして、時間の猶予はあまりない。学校がこのいじめを解決できなければ、双方の保護者が直接ぶつかり合うのは避けられない状況である。直ちに私は学年主任、担任同席の下に、いじめられた側（？）の女子生徒・助太刀男子グループと、いじめた側（？）の女子生徒達を一堂に会させ、学校の措置と今後の対応について説明することにした。

すでに訴えられた女子達の謝罪は、学年職員立ち会いの下で済んでいたのだが、改めて女子生徒に気まずい思いをさせた点について、再度注意をした。ただ、今回の件では誤解や行き違いがあり、計画的・継続的に行われたような「いじめ」とは認められないので、謹慎指導ではなく厳重注意にとどめ、両者の仲直りと今後の相手への気遣いを約束させた。

しかし男子グループの中には、私の前でははっきりと反論しないものの、女子生徒達への指導措置が軽すぎると思ったのか、明らかに不満げな表情を浮かべた者もいた。その様子を察知した私は、

「もし今回の関係者の中で、今後新たにいじめや嫌がらせをした者がいたら、全員区別なく問題行動として取り上げ、厳しく指導する」

と最後に釘を刺しておいた。

ところが私（教頭）が直接乗り出し指導しても、男子生徒の嫌がらせが終わることはなかった。実は教育困難校では、多くの生徒に当てはまる《初対面か、ほとんど会話を交わしたことがない教師から最初に注意や指導を受けた時、失礼な態度をとる確率が高い》という法則がある。事実男子グループのメンバーについて、私は面識がないか知っていても会話を交わしたことのない者がほとんどだった。その中心人物（E男とする）は女子生徒達に、最も言葉による嫌がらせなどのプレッシャーをかけていたのだが、初対面の私の注意や約束を軽く考えて、女子生徒達への嫌がらせを裏で続けていたのだ。

その事実は指導の二、三日後、伯父が抗議をした女子生徒の母親から、学校に「まだE男君からの嫌がらせが続いており、娘は怖くて学校に行けないようです。何とかならないですか？」との電話があったため判明した。

私は驚きよりもE男への怒りがこみ上げてきたが、努めて冷静さを保ちながら、彼の指導を含め直ちにこの問題を解決することを、母親にきっぱり約束した。

もう一刻の猶予もない。今度解決できなければ間違いなく伯父は警察に訴えをおこすだろうから、自分の責任において直接男子生徒を抑え込むしかなかった。

私は翌日E男を呼び出し、早速追及を始めた。

「E男、俺との約束を破ったな」

「えっ、何のことですか？」

「いじめの件は前回ですべて終わりにするといったはずだ。しかもその後嫌がらせ等を続けた場合は、誰であろうと問題行動として取り上げ指導するとも言ったよな。しかし、おまえは未だに女子生徒への嫌がらせや暴言を続けているようだな」

「嫌がらせとかじゃないですよ。顔を合わせた時に話ぐらいするでしょう。僕は元々ぶっきらぼうな言い方だし」

「それはおまえのほうの言い分だろう？　この際はっきり警告するが、今止めないと学校ではもう抑えきれないぞ。実はおまえ達に訴えられた女子生徒の保護者から何度も抗議の電話を受けた。『娘が逆いじめで学校に行けなくなっている。E男と保護者を糾弾し訴える！』とな。これまでは『学校で解決するから我々に任せてくれ』と言って何とか抑えてきたが、まだ嫌がらせが続くようなら、学校を見限って警察に依頼するのは間違いない。そうなったらもう学校はお手上げで何もできない。おまえ達が県教委に訴えたことも我々は知っているが、県教委はすぐに動かなかっただろう？　つまり現場の我々に調停を任せる程度のトラブルだと認識したのだよ。おまえは自分でわかっているはずだ。彼女が卑劣で悪質ないじめを受けたからではなく、嫌な思いをしたことがおもしろくないから、腹いせ（仕返し）をするのだとな。

この前の話で学校はすでに指導を終えている。それに納得できず嫌がらせ行為を執拗に繰り返せば、今度はそれが新たないじめとなり、逆におまえ達が訴えられるぞ。そうなればもう校内の問題にはとどまらず、保護者を巻き込んだ訴訟問題になるだろうな。いずれにしても学校はもうやるべきことはやったから、この先は警察でも裁判所でもお互いに争って決着をつけてもらうしかないな。これでも俺の言うことが聞けないなら勝手にしろ！」

この話を黙って聞いていたE男は途中から顔つきが変わり、不安かつ真剣な顔になったのがわかった。言い訳もせずに話を最後まで聞いた後、もう彼女たちにプレッシャーを与えるような関わりはしないことをしっかり約束した。

その後、彼の友達から流れてきた情報では、「俺はもうあいつらへの嫌がらせをやめる」とこぼしたと言う。彼もやっと事の重大さがわかったのだろうか？　こうして嫌がらせが止まり、不登校気味だった女子生徒も登校できるようになり、ようやく一件落着したのだった。

いじめにおける人間関係の複雑さ

実はE男への私の指導は、幾分か誇張を含むパフォーマンスの側面もあった。

まず、うそにならない程度で、相手の不安をあおるように話を誇張する。そして、学校の指導に誤りがないことを相手に再認識させる。その上で最後通告をして突き放し、加害生徒に下駄を預ける。相手はリーダー格の生徒であるから、時にはこういった駆け引きも必要になるのも教育現場の実態なのだ。

さて、この事件ではいじめの加害者はどちらであろうか？　文面だけではわかりにくいかもしれないが、言葉でのプレッシャーやある程度の継続性、さらには、女子生徒達の一人が不登校気味になったことを勘案すれば、嫌がらせを行った男子生徒達のほうが、よりいじめの加害者といえるのではないか。しかし、最初に訴えた女子生徒の言い分である「集団で無視された」という心理的なダメージを受ける行為も、本人が「心身の苦痛を感じている」と言うならば、いじめ防止対策推進法第二条の定義に合致するので、こちらもいじめになってしまう。しかも言い方は別にして、最初に県教育委員会に訴えたのも彼らのほうである。

内情を知らない校外の第三者から見れば、最初に訴えた女子生徒の方の味方をしたくなるのではないか。これはたまたま私が体験した事例であるが、実際に現場の状況を知らないマスコミ、有識者、市民、ブロガーなどが、外面的な情報だけで判断し、批判を強めることがいかに危険であるか、わかってもらえるのではないだろうか。

いじめは人間関係の複雑な心の問題を内包しており、被害者と加害者を明確に線引きできないケースがあるなど、その立ち位置は相対的・流動的なものである。また、自分の学校や学年内にワルのリーダー（いじめの主犯格など）を抑える力量のある教師がいないと、問題はなかなか解決しない。解決までの期限を決め、そこまで最善を尽くしてもだめな場合、外部（警察等）の協力を得る覚悟が必要である。

5　ハンディのある女子生徒への暴力をめぐる係争

次に紹介するのは私の失敗・ミスであり、事件があった事実すら立証できなかったケースである。したがって事実関係と思えることを断定的に書くことはできない。ただ、いじめという観点から見ると、これと似たようなケースは十分起こりうるので、なぜ対処に失敗したのか、その要因に重点を置いて説明したい。

ある日の夜、私が社会の授業を担当していた、脚に障害を持つ女子生徒の父親から電話を受けた。

「帰宅した娘の様子に落ち着きがなく、明らかに変だったので、どうしたのか聞いてみたが最初は何も話さなかった。しつこく問いただしたところ、授業の後、空き教室で男子生徒3名から暴力を振るわれたという。いったいどうしたらよいだろうか？」

父親は抗議というより、途方に暮れて相談してきた感じであった。しかし、白昼校内で複数の男子が、身体に障害をもつ1人の女子生徒に暴力を振るうという、卑劣極まる絶対に許されない事件である。私は事実を明らかにして、男子生徒達に謝罪と暴力行為を償わせること（謹慎等）を勧めたのだが、父親は仕返しを恐れ決断しかねていた。

しかたがないので翌日、私から女子生徒を呼び出し、事の経緯を詳しく聞きだした。彼女は、

「午後の英語の授業中、後ろの方から紙飛行機が飛んできたので、『誰だろう?』と後ろを振り向いたら、坊主頭の男子生徒（仲間3人のうちの1人）と目があってしまった。その生徒から ガンを飛ばされたと思ったので、顔を合わさないようにして授業終了後急いで退室したが、見つかって追いかけられ、空き教室に逃げ込んだところを男子3人に取り囲まれた。中央の男子生徒から罵声を浴びせられた後、お腹を殴られ、足払いをされて床にひっくり返された。その時、頭を床に打ち付けたショックで、一時その場に気を失って倒れていた」

と、落ち着いたはっきりした口調で話してくれた。

これは到底許されない暴力行為である。具体的な内容の説明や、時系列として話のつじつまが合っていることから、その時の私には彼女が嘘を言っているとは思えなかった。

あれから年月が経ち、今更「事件は事実だった」とは言えないが、私がなぜ信憑性が高いと判断したのか。次のような理由があった。

- 発端が年度最初の授業であり、彼女がこの男子生徒達と初対面だったこと
- 授業中睨まれた（ガンを飛ばされた）後、すぐに暴力を振るわれたということ
- 体力的にも人数的にも明らかに男子生徒達が優位に立っていること
- 彼女自身が教師や親に執拗に加害生徒への制裁を要求したわけではないこと

相手を狂言ではめようとする場合、一般的に次のような条件を満たすと考えられる。

（ア）力関係としては、はめられる対象人物の方が弱い又は同等である
（イ）強い相手をはめようとする場合は親・先生・外部の力を積極的に利用するか、相手方より強い後ろ盾（権力者）が存在する
（ウ）以前、相手から直接被害を受けたか、継続的に嫌がらせを受けた恨みがある
（エ）相手をおとしめることによって自分が得をするか、自分の責任を転嫁できる

今回のケースに当てはめると、（ア）は当然該当しないし、（イ）についても親に問いただされたため話した程度で、後ろ盾はまったくない。また彼女は男子生徒と初対面であるから、それまで（ウ）のような利害関係は存在しないし、従って（エ）も発生しないことになる。

もし狂言だとすれば、あとは被害妄想のような病気だと考えるしかない。その点、男子生徒達の保護者がのちに「事件など存在せず、彼女の被害妄想である」と主張してきたのは確かに一理ある。しかし、男子生徒達が暴力を認めず、未解決のまま問題がこじれていき、学校や女子生徒の保護者が警察にも相談する大事になった時点で、本当に被害妄想（狂言）ならさすがに嘘を認めるか、無意識にも捜査を中止させるような言動をとるだろう。しかし彼女からそのような発言やそぶりは一切なかった。状況判断できないほど被害妄想がひどいなら、まともに

は授業を受けられず、彼女の異常さを示す証言が周りから幾つも寄せられるはずだが……。

結局、事実関係についてはその後もわからず終いだった。

失敗のポイント

なぜこの件では、事実関係の把握ができなかったのだろうか。

まず、女子生徒の保護者の意向に配慮したこともあり、調査開始が遅れた（保護者訴えから約一週間後）ことが大きい。そのため教師側の動きを事情聴取前に男子生徒達に感づかれたのだが、暴力が事実だとすれば、事前に嘘のアリバイ工作も可能だった。そのように始動が遅れたのに加え、事情聴取した職員間の連絡や情報の共有がスムーズにできず、聴取可能時間内（概ね4時間以内）に自白や決定的証拠が得られなかった。

またこの件では、聴取途中に男子生徒の1人が自供したが、後に証言を翻された。それは自供時立ち合い教師は1人だけであり、行為の内容や反省などを自筆で書かせることまで手が回らず、強要や誘導尋問がないことを証明できなかったからである。

このように、当日事実確認ができず、聴取を諦めるしかない状況だったが、加害者とされた生徒の保護者の一方的な学校批判に冷静さを失い、女子生徒や父親を守るため強気に対抗してしまったことも大きい。学校側が右往左往するなか、結束を固めた男子生徒の保護者らは、私を名指しした県教委への訴え、ＰＴＡ役員への訴えや懇願、同じ授業に出席していた生徒からの独自の聴き取り、女子生徒が通院・治療した病院への執拗な問い合わせ、学校側（校長）への話し合いの要求などを行った。この一連の素早い動きに対して、学校側の対応はすべて後手に回った。

これらのことが失敗の原因として考えられるが、同様のケースにおいて参考になればと思う。この件では、被害者がハンディを持つ女子生徒であったことから、弱い者いじめに怒りがこみ上げたのだが、やはり事件への対処は冷静さを失ったら負けである。

私は窮地に立った親子を守るため、女子生徒と共に警察にも相談したのだが、決定的な証拠に欠けることや、少年法による取り調べの難しさもあり、事件として立件できる見通しが立たなかった。結局、私の方から問題の処理を引き受けておきながら、女子生徒と父親に、傷害事件の立証をあきらめさせるという情けない結果となってしまった。本当にこの親子には申し訳なく思っている。

その後、私が男子生徒達の保護者の前で、犯人と決めつけたことを直接謝罪して一応のけりがつけられた。その時、暴力を振るったと疑われた男子生徒の母親から、私への辞職要求が出されたが、それは私にとって想定内であった。

「そのことについては、彼らが犯人ではないという明白な証拠が示された場合に、責任をとるということだったと思いますが……」

私が対決姿勢にならないように控えめな口調で言ったところ、それ以上の追及はなかった。

《事実》という点では、「事件は存在せず、男子生徒3名は犯人ではない」という結論だったのだが、その後、女子生徒の狂言に対する責任追及は一切なく、真相は解明されないまま、男子生徒保護者側の意向で幕引きとなった。しかも幕引き後、男子生徒を犯人扱いした私への糾弾・辞職要求も、なぜかピタリとやんだ。

6 スーパーモンペ同士の対決

事の発端はどこの中学校・高校でも起こりうるトラブルである。

ある定時制高校の1年生に、活発でかなり短気な女子生徒がいた。彼女をF子としよう。ある日の休み時間、同じクラスのG子と目が合ったが、もともと彼女とは馬が合わなかったことから、その時ガンを飛ばされたと感じ、夕方校舎内の廊下に呼び出して問い詰めた。G子は元々おとなしく意思表示をはっきりしないタイプであり、「ガン飛ばし」について、肯定も否定もせずもじもじしていた。その煮え切らない態度に苛立ったF子は、思わずG子の顔面を一発殴ってしまった。それでもG子は謝るでもなく黙ってうつむいていたため、「決着をつけるから、隣の公園に来い！」と怒鳴った。恐怖を感じたG子は、「どうしても急な用事があるので済ませたらすぐに行く」と嘘をついて、そのまま保健室に駆け込んだ。

話を聞きびっくりした養護教諭が、直ちに担任・学年主任に連絡して事が明らかになった。

すぐさまF子をつかまえ事情聴取したところ、G子を殴ったことはあっさり認めたが、「原因を作ったのはガンを飛ばしたG子である」と、不満たらたらの態度だった。

いじめの観点から事件を整理してみると、G子は明らかに暴行を受けた被害者であることは間違いないが、あくまでF子の言い分を信じるならば、彼女もいじめの被害者という捉え方もできる。それまでクラス内でG子からたびたびガンを飛ばされる、陰口をたたかれる、無視される、といったいじめを受けていたというからである。つまりF子としては、「暴力を振るったのは悪かったが、私が受けたG子の陰湿ないじめは悪くないのか？　彼女には何のお咎めもないのか？」と言いたかったわけである。

客観的に見れば、力関係で圧倒的に優位に立つF子が、いじめを受けていた可能性はかなり低い。しかし、読者の方にぜひ思い出していただきたいことがある。いじめ防止対策推進法の定義では、被害者が心理的・肉体的苦痛を受けたと感じたら、いじめと認定されるのである。たとえ一方的な思い込みであっても、F子がそう感じている以上、自分だけが指導されることに納得できないのは、ある意味子供としては自然なのかもしれない。

それでもこの事件が生徒間だけの問題なら、時間をかけてF子を納得させることも可能だったと思う。実はこの問題が泥沼化したのは、双方の保護者が折り紙付きのモンスターペアレントだったからである。

親同士の対決から警察沙汰に

まず加害者F子の保護者は母親（父親は別居）だが、瞬間湯沸かし器のように気が短く直情的であり、それまでも納得できないことがあれば直接学校に乗り込み、時には担任を怒鳴りつけるなど、迫力満点な人物であった。

一方、被害者G子の保護者は父親（父子家庭）であった。実はこの事件の前から、G子はF子達から目をつけられていると感じていたようで、時々学校を休むことがあった。ある時、心配した担任と私（教頭）が、彼女の家を家庭訪問したことがあった。その時の父親の強烈な印象を、私は今でもはっきりと覚えている。冷静沈着で丁寧な物言いだが権利意識が強く、実利を得る交渉・駆け引き上手な人物だと直感した。一つひとつの言葉の中にも「もしも娘が不利益を被るようなことがあれば、出るところへ出ますよ」という不気味な怖さがにじみ出ていた。

事件の翌日、F子と母親を学校に呼び出し、暴力行為に対する謹慎の申し渡しをすることになった。私は部屋に入り席につくや否や、母親の隣で不満をあらわにしてイラついているF子をこっぴどく叱りつけ、一時的に部屋から退出させたのだが、実は私のパフォーマンスであった。母親の性格は事前にインプットされており、おそらくF子と同様、G子に対して不満を抱いていることが予想できたので、気の短い母親が怒りを爆発させる前に先手を取り、学校側のペースで事を運ぶための作戦だったのだ。

私の剣幕にさすがの母親も多少面食らったのだろう。「この教頭には脅しや威圧は通用しない」とでも思ったのか、静かに話を傾聴してくれた。母親は暴力を振るったことは悪いと認めながらも、やはりF子同様、事の発端はG子の言動にあるという見解だった。私は母親の言い分に耳を傾け、心情的には理解を示しながらも、暴力はどんな理由があろうとも絶対にしてはいけない行為であり、その点は相手側に謝罪する必要があることを伝えた。ただ私はその時、後日起きるであろうモンペ対決を予測し、両者の話し合い日時の細かなセッティングなど、被害者側への直接の橋渡しは意識的に控えた。

その後、危惧した通り保護者間で対立が始まったため、私は副校長から両者がうまく和解できるように仲介を指示されたのだが、即座に反対した。なぜなら長年の保護者対応の経験から、この百戦錬磨の保護者同士を学校の教育的な力で和解させることなど不可能だからである。

結果的に私の意見は聞き入れられ、学校はF子とG子の指導と仲直り（あくまでも表面的ではあるが）に全力を注ぎ、保護者に対してはそれぞれの相談窓口に徹した。それでもF子の母親がG子の家に謝罪に行きたいというので、一応事前に父親の了承を得てから住所を教えた。

ところがというべきか、やはりというべきか、謝罪に行ったその日のうちにF子の母親と別居中の父親が揃って学校に駆け込んできた。

「せっかく謝罪しようと子供を連れて家まで行ったのに、あの父親はG子を同席させないばかりか、自分の子供が原因を作ったくせに、悪びれた様子やうちらへの思いやりなどみじんもない。診断書をちらつかせてそれとなく治療費や慰謝料を要求してきた。話にならないし、頭に来て家を飛び出してきた。あんな奴らにはもう絶対に謝らない！」

この時私はカウンセラー役に徹し、母親らの不満をじっくり聞いた。もちろん「もう一度謝りに行ってください」などとは決して言わなかった。

結局、保護者間の対立はさらに深まることとなり、父親がG子を連れて警察に被害届を提出したため、学校で警察の現場検証が行われる事態となった。G子は一発殴られただけであり、私達が見ても顔に腫れやあざは見られない程度のケガだったにもかかわらず、警察が介入する事態となったのである。

その動きを受けて私はF子と母親を学校に呼び出し、警察の捜査や家裁送致の状況と、学校の懲戒指導は特に関係がないことを明言した。F子の暴力は決して許されるものではないが、どこの学校でも起こりうるような行為であり、警察の指導履歴に残るからといって懲戒を重くするのでは、F子に厳しすぎて公正さを欠くからである。

完璧な解決は不可能

こうして保護者間の火種を残したまま、学校の指導は一区切りとなった。読者の中には、「学校は問題解決から逃げてずるいのではないか?」と思われた方がいるだろうが、この一連の騒動は学校現場の特徴をよく表わしているといえる。

世間が思っているほど教師はオールマイティではない。教師は良くも悪くも世間ずれしておらず、世の中のずるさや駆け引きに疎い真面目な人が多い。責任感や正義感だけではスーパーモンペをまとめることはできず、良かれと思って深入りすればするほど相手は学校を都合よく利用するが、そのくせ失敗すれば学校の責任を追及し、収拾がつかなくなってしまう。

「自分が一生懸命努力して誠意を示せば、相手は必ず理解してくれるはずだ」と思っている人は多い。確かに世間では、誠意を示せばおそらく九割がたの人は理解してくれるだろう。しかし、裏を返せば、いつまでたっても話が通じない人間が、必ず一握りは存在することもれっきとした事実なのである。

たとえ学校側がいじめの発生などについて、正直かつ速やかに報告しても、人間同士が関わる問題で、正確に事実を把握し、パーフェクトに処理することはきわめて難しい。したがって、学校側がすべて解決できると思いこむことも、保護者が学校に完璧な解決を求めるようなこともしてはならない。

7 いじめのヒエラルキー

最近では「スクールカースト」などという言葉もあるようだが、クラス内のヒエラルキーが表面化したかたちのいじめは、どの地域・学校でも起こりうることだろう。

ある全日制高校でのことだが、男子生徒が泣きじゃくりながら「男子同級生に、毎日叩かれたり蹴られたり、空手チョップをされたりして、繰り返しいじめられている」と担任に訴え出たため、すぐに生徒課職員が名指しされた男子同級生を呼び出し事情聴取した。すると彼は、被害生徒へのいじめの具体的な行為をあっさり認めたのだが、何か追い詰められているような表情、おびえているようなしぐさが気になった。そこで彼の気持ちをやわらげ、包み隠さず話すように粘り強く聞き出したところ、実はこのクラスのボスに命令され、無理やりいじめをさせられていたことがわかったのだ。

そのボスは、過去にも自分の彼女（同校の1年後輩）が、生徒課教師に厳しく服装指導を受けたことに腹を立て、「セクハラだ、警察に訴えるぞ！」とイチャモンをつけるような、常に学校や教師に反発していた生徒であった。彼は実にずる賢い性格であり、従順な同級生を影で操り、自分はまったく手を染めずにターゲットへのいじめを毎日のように実行させ、その光景を教室の片隅からニヤニヤ見て楽しんでいたというのだ。

これは極めて卑怯且つ悪質ないじめであり、学校としても厳しく指導し、二度といじめをさせない歯止めをかける必要があった。私は他の生徒課職員と共に、必死に証拠・証言集めを行ったが、ついにいじめをさせられていた生徒が、1学期の終わり頃から頻繁にパシリに使われ、週2回ほどのペースでジュースをおごらされていたことや、このボスから、「いじめを実行しなければ殴るぞ！」と脅されていた事実を、本人だけでなく周りの第三者証言からも把握した。この確たる証拠をボス生徒に突きつけ厳しく追及したところ、最初は言い逃れしていたのだが、ついに一連の同級生いじめを行った張本人であることを認めた。

このボス生徒には当然のごとく、学校としても厳しい懲戒（謹慎指導）を行い、その後、教室内でいじめが繰り返されることはなかった。

教育困難校や荒れている学校では、生徒間のヒエラルキーははっきり表れやすい。aがクラスのボスで、その下がb→c→dという力関係だったとすれば、dはかなり下っ端である。しかし、転校・進路変更などでa、b、cが次々にいなくなれば、dが新たなボスとなり、今まで存在感すらなかったeやfが新たにNo.2、No.3の座につくというようにヒエラルキーは次々に変化していくのである。このようにボスがいなくなっても生徒間のヒエラルキーは決してなくなることはなく、また新たな力関係が出来上がってしまう。事実、先ほどのボス生徒も、以前はNo.3以下の存在だったのである。

このように、同じ人間が同時に加害者にも被害者にもなるケースがあることから、在学期間中に、いじめの加害者と被害者の両方の立場を経験する児童生徒が、相当数出てくることを想定した対応が求められる。

ところで、中学校の同級生や先輩後輩がそれぞれ別の高校に進学した後も、いったん形成されたヒエラルキーはなかなか崩れないようである。金品授受・売買などの絡みでいじめ・暴力が発生することが多いが、学校が単独で処理・解決することはかなり難しいため、もし学校間の連携だけで対処できなければ、遠慮なく警察の協力を仰いでほしい。在籍校が違えばいじめ・暴力は、関係者の家や公園、街中等校外で発生することがほとんどであるから、被害者は加害者と接触しない自己防衛策が必要になる。

＊

さて、これまで述べてきたいじめの事例は、市民が直接あるいは報道を通して見聞きする情報だけでは知りえないのではないだろうか。また、実際に発生したいじめがいかに複雑でデリケートな問題を多く含み、一筋縄ではいかないものか、少しでもわかっていただけただろうか？　決して教師だけが大変なわけではないが、この実例だけ見ても教師の担うべき役割は大きく、問題がこじれたような場合には、心身の疲労は一気に増すことになるだろう。

これまでの実例から、学校現場におけるいじめの特徴と、対策のポイントを総括してみよう。

①いじめに「絶対」はない

いじめの被害（者）と加害（者）との関係は、あくまでも相対的なものであり、実際に学校現場で発生するいじめは、心の問題も絡んでまさに千差万別である。被害者と加害者の程度（軽重）認識のズレだけでなく、被害者と加害者を明確に区別できなかったり、一件のいじめで被害者と加害者が同一人物だったりするケースもあるが、児童生徒間のヒエラルキーがいじめの構造を複雑化するため、慎重かつ冷静な聴き取り・対処が必要である。

また長い在学期間中には、いじめの加害者と被害者の両方の立場を体験する児童生徒が、調査結果から見ても相当数いるため、被害面の救済と加害面の反省・懲戒をどのように行えばよいか、学校（教師）の指導は極めて難しい。長いスパン（在学期間）の中で地道に計画的に、立ち直りや人間的成長を図っていくべきであろう。

②外部機関の協力も時には必要である

深刻ないじめを受けた被害者の救済・立ち直りのためには、加害者に進路変更（特に高校）を含む厳しい懲戒を行わざるを得ない場合があるが、その時には、加害側保護者は子供を守るための行動を取りやすく、なかなか解決に至りにくい。これは、日本が情緒的な社会であり、法に基づいて客観的・理性的に行われるべき懲戒指導であっても、心情・教育的配慮といった感情的な面が尊重されやすいからである。こうした場合、学校側には客観的事実に基づいた、毅然としたぶれない対応が望まれるが、状況によっては、外部機関等の協力を得る判断も必要となる。

③被害者の救済を最優先に

いじめ被害の実態は「精神的な被害」の割合が高く、被害の実態把握やいじめの認定そのものが難しいケースもかなりみられる。そのため、どこの学校でも、事実確認や指導に思いのほか時間がかかってしまうケースが多いことを、しっかり認識しておく必要がある。いじめの状況によっては、個々のいじめを確定することにこだわらず、保護者同席の上、加害児童生徒への厳重注意と再発防止を徹底することが、被害者の救済につながりやすい。

結局いじめ問題は、大人の外部組織が自分達の論理で、法律・制度によって抑え込むことができるようなものではないのである。法律を適用し、第三者委員会や連絡協議会が必要となるようなケースは、まさしく大津の事件のように凶悪犯罪が絡んだいじめであり、こういったきわめて稀に発生する大事件限定で対応できれば十分ではないか。

ただ、注意すべきことは、いじめが原因として疑われる自殺を、その行為の軽重を考えずに、すべて犯罪扱いしてはならないということで、報道機関には特に慎重な対応を望みたい。文科省の定めた「重大事態」の基準が適当なのかどうかわからないが、実際に「身体（生命）や財産に重大な被害が生じた」ケースを凶悪犯罪レベルと考えれば、99％以上のいじめは、学校、当該児童生徒、保護者、スクールカウンセラー、場合によっては相談機関・地元警察が加わって連携・協力すれば解決できるレベルの問題なのである。

私達市民は、マスコミがきわめて特殊な事件を一般化して危機感を煽る手法に、躍らされないように注意しなければならない。

第5章

現行いじめ対策が日本社会に及ぼす影響

さて、この章では、現行のいじめ対策がそのまま続いていった場合、いったい将来の日本社会にどのような悪影響を及ぼすのかを推測する。中には、既にデータ的にも悪い兆候が表れ始めている分野もあり、早急な検証が必要である。

1 学校教育の崩壊

自殺等のショッキングないじめ関連の事件が全国的に過熱報道されると、いじめ防止への世論の高まりに押されて、政府・国会が働きかけ、文科省が通達する流れでいじめに関する法的規制・罰則が強化されていく。しかし、ごく一部の学校（教師）による、いじめ問題へのきわめて不適切な対応のために、全国すべての学校・教師への指導や管理・罰則が強化されるようになれば、これまで何の問題もなく、真面目に職務をこなしている大多数の教師に、失敗できない圧迫感や閉塞感を生み、現場の活力・意欲を失わせてしまう恐れがある。特にいじめなどの報告義務違反や対応ミスの罰則強化が進めば、学校現場における指導時のリスクはますます高まることになる。

また、学校環境自体も年々ひどくなっている。一言でいうなら、学校現場で教師が熱い想いと信念を持って子供を教育することが難しくなってしまったのである。

教師自体が決して偉いというわけではないが、学校教育は未完成な子供を「教え育む」のが役目なのだから、児童生徒とは立場が違うはずである。ところが最近体罰はおろか、ちょっと厳しい指導をしただけでも教育委員会等へ訴えられ、人権問題として取り上げられることが増えてきた。たとえば、同級生に暴力を振るっている子供をやめさせようと、教師が手を挙げた場合でも、必ずしも正当防衛が認められるとは限らず、下手をすれば教師のほうが厳しい処罰を受けることもありうる。

こうした厳しい裁定が続けば、先ほどのいじめの場合と同様、体を張るような生徒指導には臆病となり、自分の持ち場だけ割り切って働くなど、重い責任がかかる仕事をしない教師が増えていくだろう。そして、特に問題行動傾向のある子供はこうした教師の動きを見透かし、好き勝手な言動をとるようになるため、かえっていじめは発生しやすくなるはずだ。

さらに、学校は市場原理を導入するようになったため、保護者＝消費者が神様となり、できる限り要望に応えてサービスしなくてはならなくなった。いじめへの対応も、法律にまで明記されたわけだから、どんなに些細なことでも、学校は保護者の要望や訴えを聞かねばならず、そのためにかなりの時間とエネルギーを費やさなければならない。ほんの一握りではあっても、過度な要求、理不尽な訴えを繰り返すモンスターペアレントに振り回されてしまう学校は確実に増えている。

確かに学校は保守的な要素が強いから、外部の要望に応えるかたちで柔軟に学校教育を改善することは必要だと思う。しかし教育には不易な部分が大きく、じっくり腰を落ち着けて取り組まねばならない問題も多いのに、公立小中学校までもが客引き競争のように優秀な子供を獲得することにエネルギーを注ぐなど、広報活動に膨大な時間を割かざるを得なくなった。こうして人気・倍率を上げるための目先の学校改革が優先され、子供を「どう一人前の人間に育てるか」が後回しとなる。これでは、問題行動傾向を持つ生徒や、社会性のない生徒を立ち直らせる地道な教育などできるはずもないだろう。

教員採用試験の倍率低下

学校を就職先と見た場合も、学校教育の崩壊ぶりがうかがえる。

近年、特に中学校が各種調査でブラック企業リストに掲載されることも珍しくなくなってきているが、教員の質や職業としての人気度を測る一つの指標として、公立学校教員採用選考試験の倍率を見てみよう。文部科学省統計によれば、平成27年度選考の倍率は全体で5・4倍で、前年度より0・3ポイント低下しており、特に小中学校教諭や養護教諭の減少が影響している。県市別では富山県（3・3倍）、大阪市（3・5倍）が最も低く、小学校だけで見れば大阪市は2・1倍であり、2人に1人が合格できる現状にある。教員採用試験は俗に3倍を切ると危険水域と言われ、教師の質の低下が懸念されるが、既に全国のあちこちで現実のものとなっているのである。

こうして教師のなり手が減ることが拍車をかけ、学校教育が崩壊していけば、特にわがままで力も強く、いじめる側に立ちやすい子供達は、学校内に限らず家庭や地域などどこでも我が物顔にふるまうようになるのだが、これは彼らにとっても大変不幸なことである。なぜならば誰も諭してくれなければ、セルフコントロールが効かず無意識・無自覚のうちに情緒不安定になり、暴力や陰湿ないじめなどを起こしやすくなってしまうからである。

このようないじめが増加しやすい環境下で、現行の実効性に乏しいいじめ対策がこのまま続けば、将来自己中心的で思いやりがなく、規範意識の低い大人を増やしていくことになり、日本社会は崩壊への道を歩んでしまうだろう。

2 自立した社会人育成の頓挫

日本は良い意味でも悪い意味でも、高校卒業までは子供を一人前とみなさず、保護に重点を置いてきた。ところが社会的弱者である子供の人権があまりにも重視されたため、「子供は元々皆が善であり、外見上の被害はもちろん心に傷を負った場合も、その原因を作った悪者を処罰して、苦しみから救わなければならない」という考えが、今や主流のようである。

確かに、重大な生命等の危機に陥った子供を助けるのは、大人や社会の役目である。しかし、個々に起こる稀なケースを、社会全体の問題に置き換えてはならず、いじめのような人間関係が複雑に絡み合う問題では特に注意を要することは、繰り返し述べてきた。内閣府調査の「仲間外れ、無視」といった日常的に起こるいじめについて、加害者、被害者両方の立場を経験した児童生徒が、9割近くにものぼった事実を思い出していただきたい。この点だけを見ても、子供を元々善であるとは言い切れないのではないだろうか。

だから教育現場では、「いじめを絶対許さない姿勢で加害者に厳しく指導してみたら、実はその児童生徒はもっと悪質ないじめの被害者だった」というケースは、どの学校でも起こりうるのである。このような同時進行の場合、児童生徒を善（被害者）と悪（加害者）を明確に色分けすることなど不可能である。

つまり、子供の人格は未完成であり、善にも悪にもなりうるから、教師や保護者など大人が正しい方向へ教え導く必要があることを肝に銘ずるべきなのである。

大人が「子供を守る」ことだけ考え、被害を受けないように、失敗しないようにすべてに先回りして助けてしまったら、いったい子供の将来はどうなるのだろうか？　社会人になってからも先回りして親が守るのだろうか？　いや現に入社式に出席する親、子供に代わり会社への欠勤連絡をするような親は確実に増えているわけで、何歳になれば子供は自立することができるのだろう。

社会に出てからの「いじめ」のほうがよほど苛烈

いじめ問題では不安視されているが、それでもまだ職場とは比較にならないくらい、学校は優しく平和な世界である。学校には大人である教職員以外は、学年は違ってもほぼ同じ立場の児童生徒がいるだけである。学級委員長といっても何か特別の権限があるわけではなく、せいぜい部活動で部長や上級生がある程度権限を行使できるくらいであろう。

ところが社会人になれば、給料のかたちで仕事に対する対価がもらえるが、その根拠となる評価者（客や取引先、管理職）が存在する。また職場には、原則、細分化された役職と、それらに基づく上下関係が存在し、その中で利潤追求のために働く。つまり職場では、時に自分を殺してでも、様々な企画・営業・サービスなど、企業への貢献を最優先しなければならないということだ。

さてそうなると、社会に出ればどんな試練が待ち受けているだろうか？　おそらくいじめの類の行為（大人はいじめと定義できないため）は、学校以上に頻繁に発生するはずだ。自分の給料・生活がかかっているため、職場の同期だけでなく、先輩・後輩までもが仕事上のライバル関係となるわけで、中には、ライバルに実績を上げさせないために嫌がらせや邪魔をする、ライバルの偽情報や悪いうわさを流し評判を落とさせる、上司に胡麻をすることでライバルより高い評価や信頼を得る……といった具合に、どんな手を使ってでも相手に勝とうとする者まで出てくるだろう。

実際、厚生労働省がまとめた都道府県労働局への「いじめ・嫌がらせの相談件数」と、「民事上の個別労働紛争相談件数」に占めるいじめ・嫌がらせの割合について、平成20年度と27年度を比較すると、「民事上の個別労働紛争相談件数」はほとんど変わっていないのに、「いじめ・嫌がらせ」の相談件数・割合とも2倍に急増している。この事実は、大人でもいじめの類の行為が横行していると同時に、かつては自力で解決できたレベルのトラブルが、他者に相談や訴えをしなければ解決できなくなったことを示しているのではないだろうか。

いずれにしても学校と違い、職場での人間関係は損得が絡んだシビアな関係である。職場のブラック度やスタッフの人間性によっては、相当な嫌がらせまで覚悟しなければならない。

このように、いじめに類する行為は頻繁に日常的に発生しうるから、社会（職場）ではそれに打ち勝つ強い精神力・忍耐力が必要とされる。もしも幼少期〜青年期に厳しく鍛えられたり、障害を自力で乗り越えたりする経験がまったくなければ、ちょっとした嫌がらせやプレッシャーすら克服できず、あっさりと仕事を辞めてその場から逃げ出すことになるかもしれない。

事実、厚生労働省統計における新規大学卒業者の卒業三年後の離職率は意外に高く、産業大分類（18種類）別に平成20年と25年を比較すると増加が11種、減少が4種、同じが3種となり、全体として明らかに離職率は高くなっている。中でも宿泊業・飲食サービス業は、45・7％から50・5％と、元々の離職率も驚くべき高さなのである。

こうして若者の離職や引きこもりが増えていけば、ひいては日本経済全体の停滞にもつながりかねない。グローバル化の中でますます職場環境がシビアになっていくなか、子供をあまりに保護しすぎることは、社会の根幹を揺るがすことにつながるのだ。

3　経済の停滞とブラック企業の常態化

経済のグローバル化が進展する中、日本の企業は、アメリカのように株主利益の拡大に重きを置くようになったため、人件費等のコストカットに熱心である。世界を見回せば、各地域で経済統合やＦＴＡなど、グローバル化・自由貿易を推進しようという取り組みが好意的に宣伝され、永遠に経済成長が続くような錯覚を市民に与えている。

しかし、自由競争下では、勝つ者がいれば必ず負ける者がいるわけであり、世界経済は、ごく一握りの巨大なグローバル企業や国際金融家が富を集積することにより、ますます負け組との貧富の差が拡大する方向に進んでいる。また、すでに地球上には、新しく開拓される市場がほとんどなくなり、人口や消費の増加も止まりつつあるなど、資本主義経済の最終段階に入っており、永遠の経済成長など幻想といえるだろう。

人口が停滞し、単純なモノづくりを終えた先進国は、どの国も高い経済成長は望めない状況だが、特に日本は人口減少と急速な高齢化により、もはや経済成長を続けるのはきわめて厳しい状況にある。人口減により全体の消費量が伸び悩む中、売上（利潤）を増やすためには、少ない従業員を安い賃金で長時間働かせるのが手っ取り早い。こうして劣悪な労働条件を強いるブラック企業が、次々に生まれていくわけである。

前述のように、我慢できず早々と離職してしまうことは確かに問題ではあるが、ある意味、自分なりの意思表示をしたことは評価できる。それよりも、過酷な労働条件におかれながら、忍の一字で生真面目に働き続けることのほうが問題は深刻である。子供の頃から周りの大人に手厚く保護され、何事にも受け身で生活し、自分から意思表示をすることに慣れていない人間は、「おかしい！　嫌だ！」と思っても、なかなか会社（上司）に反論することができない。結局ずるずると激務を続けてしまい、挙句の果ては心身ともボロボロの状態になってしまうのだ。

若者の不幸な過労死や自殺が起こるたびに、世間ではいたたまれない哀れみとともに、なぜそうなる前に仕事を辞められなかったのか疑問に思うふしもあるが、今の子供達の学校環境・家庭環境を鑑みれば、残念ではあるが、このような悲劇が起こるリスクを抱えているのである。

4　失業率上昇による社会保障費負担の増加

世界一のスピードで高齢化が進む日本は、年々雪だるま式に社会保障費が増えている。この状況化下で若者を中心に離職率が高まるなどして就業者全体の収入が減れば、当然彼らが納めるべき所得税等も減るから、国の財政は益々ひっ迫する。今や多くの政治家が目の前の選挙対策ばかり考え、国民の人気をとろうとしたきれいごとの政策提言を連発する。

世界では、「国を支えるために相応の負担（税金等）は当然」という認識をしている国民はかなりいるというのに、私の知る限り、日本は「増税には反対するが、公共サービスは受けなければ損」という損得勘定で物事を考える人間が意外と多い。

私も高齢者に近づいており、確かに自分の年金給付が将来減額されるのは心配ではあるが、現在年金は積立貯金ではなく「賦課方式」であり、主に生産年齢層が納めた分から年金が拠出されている。この仕組みは複雑で問題点も多いが、現行制度であることや、先ほどの財政難に鑑み、自分の給付額が多少減るのもやむを得ないことと私は理解している。むしろ残りの就業期間が長い若者から毎年の年金徴収額を増やすことのほうが、彼らの退職後の給付額が現行より減額される可能性が高いことを考えれば酷であると思う。

いずれにしてもこのままでは現行の年金制度は維持できないので、日本の将来を思う心ある政治家には、正直に国民に身を切る覚悟を迫るとともに、どの職業や立場の人も、概ね納得できるような新制度を早急に構築してほしい。

さらに、高齢化のスピードもさることながら、日本は、世界で未曽有の高い老年人口率（65歳以上の割合）を更新中であることを考えると、失業中の人がもらうべき失業保険給付や生活保護費も、減額されていく可能性が高い。そうなると日本社会全体が、失業者・無職者増加↓税収減↓増税又は年金減↓需要（消費）減↓企業収益減↓解雇・失業↓以下繰り返し……という経済のデススパイラルにはまってしまうことが危惧される。

これまで述べているように、若者の自立心や生きる力が、以前に比べかなり弱まってきている中で、政府・有識者が主導して、超高齢社会を見通した抜本的な社会保障体制を構築していかなければ、将来に希望を持てず、生きる望みさえ失ってしまう若者をますます増やすことになる。これは若者のやる気や性格の問題ではなく、特にここ30～40年間続いてきた、乳幼児教育・家庭教育・学校教育・地域社会のあり方や、利益優先の経済システムと労働条件、財政政策などに、大きな問題があるように思える。

その中でも国のいじめ対策が、この流れに一役買っているのではないだろうか。外に現れた行動は子供同士の複雑な人間模様の一部であり、いじめに該当する行為だけを取り上げ、上から目線の法律で抑え込もうとしても、根本的な解決にはならない。大騒ぎをする大人たちの都合で法律を解釈・濫用し、保護や処罰に傾倒することで、主役であるはずの子供達の自助努力や人間的な成長が置き去りにされてしまう。

将来大人になっても自立できず、自分に自信が持てない若者を増やしていくことに、政府も国民もいい加減気付くべきであろう。

第６章

いじめを克服するため何をすべきか？

これまでは日本を取り巻くいじめにまつわる問題を取り上げ、問題点を指摘してきたが、最後の章では、実際にいじめをどう克服したらよいのか、これまでの私の教職経験に基づき、マクロ・ミクロの両面から提言をしていきたいと思う。

1　最後に頼れるのは自分自身

まず、当事者（子供等）の対処法についてだが、結論から先に言ってしまえば、「いじめを克服できるのは、いじめを受けた自分自身である」ということである。これまで述べてきたように、毎年何十万件と発生するいじめは、その本質から考えても絶対になくならない。それならば、個々には自分がいじめを受けることを予め想定して、「いかにしていじめを克服するか」を具体的に考え、すぐに実践できるようにしなければならない。

大人になった時、自分自身の力で判断し行動に移すことができなければ、変化が激しく先の見えない今の世の中を生きぬくことは難しい。ぜひ若者には、いじめに打ち勝つ力を身につけ、たくましく人生を歩んでほしいと思う。

もちろんそうは言ってもまだ独り立ちできない年齢であるから、いじめを克服しようと頑張っている子供を、周りの保護者や教師などがサポートする体制は必要であり、子供にどのようなかたちでかかわり、支援していけばよいかについてもアドバイスしたい。

そして最後には、主に政府や文科省、マスコミ・有識者などに向けて、口幅ったいようだが、健全で暮らしやすい日本社会が将来もずっと続くように私案を提示したい。

子供自身のいじめ対処法

児童生徒（大人もある意味同じだが）は、いつかどこかで必ずいじめを受けることを想定して、各々が独自の「いじめ対処法」を、必ず身につけておくべきである。

いじめは、その発生状況、経緯、当事者の力関係などにより、行為の態様も多岐にわたっており、当然その具体的な対処法は何百通りも考えられるため、あまり細かな方法を提示しても、実際の場面では使いづらくなるだけであろう。従って、私はいじめの進行段階に合わせて対処・防衛の強度を高めていく全般的な方法について説明していきたい。

①いちいち相手にしない

いじめの初期段階は、からかいや冷やかし、仲間外れ、陰口といったたぐいのものが多い。それら一つひとつの言動に嫌な顔をしたり、落ち込んだり、懇願したりするなど敏感に反応すれば、いじめっ子達の思うつぼであり、ますます面白がっていじめがエスカレートすることになる。

ここは平静を装ってでも、全く動じないそぶりで受け流し、相手にしないことである。「あいつらは自分とは全く別の低俗な人種だ。いじめをして喜ぶなんて本当にかわいそうな連中だなあ」と第三者のように客観的に考え、いじめを受けても、変わらずにマイペースで学校生活を続けていく。するといじめっ子達は、効果が見られないことで面白みがなくなり、しばらくするといじめをあきらめる可能性は高くなるだろう。

②相手に反撃する

しかしそうはいっても、加害者の支配力・統率力が際立っているとか、個人的な理由がある場合は、なかなかいじめが終わらず、服従や金品要求を迫られることも考えられる。一方的に約束（命令）を受諾したり、金品を渡したりするなど、一度いじめる相手に屈服してしまうと、隷属関係がずるずると続いてしまうことになる。初期段階の無視やスルーではとても収束しない場合には、最初（早め）に、はっきりと拒否する勇気が必要だ。もし相手の金品要求等をはっきりと断って脅されたら、それはれっきとした「恐喝未遂」という犯罪であるし、暴力を振るわれたのなら、これも当然刑法に触れる犯罪である。対抗手段として、この時のやり取り（言動）を録音するか、すぐに詳しくノート等に書き残しておき、いざという時に学校や警察へ届け出る証拠資料とするのがよい。

さらに強い反撃方法として、もし信頼できる親友がいるならば、教室内などできるだけ第三者（目撃者）が多い場所を選んで一緒にいじめる相手と対峙し、「いじめをやめろ！」ときっぱり言い返すことも効果的である。自分に明らかに非がなければ、周りの同級生達は直接助太刀に入ってこられないとしても、多くが内心味方につこうと思うものだ。勇気を奮った明確な意思表示が発火点となり、いじめっ子に対して皆でプレッシャーを与えるような冷ややかな雰囲気が教室内に醸成され、いじめの抑止につながる公算は高い。

③教師など大人に訴える

残念ながら勇気を振り絞って反撃しても、一部には、懲りない根っからのいじめっ子・問題児が存在することも事実である。また、頭ではわかっていても、どうしても反撃が思い切ってできない子供もいるだろう。自分の知恵を100%結集してもいじめが収束しなければ、その時はもう大人の助けを借りるしかない。このことは章の冒頭で述べた「いじめを克服できるのは自分自身」と一見矛盾するようだが、同じ大人に助けてもらうにしても、自分からはまったく何もしないで、周りの大人などが助けてくれるのを待っている子と、いじめに立ち向かうなどの方策を施した後に、自ら大人に助けを求める子とでは、受動的か、能動的かで大きく異なる。

いじめに限らず、いつも周りの大人達が先回りして助けてくれるのを待っていれば、たとえその場は乗り切れたとしても、その後何度も同じような場面に遭遇する中で、人に助けてもらう「他力本願」が染みついてしまう。ところが社会に出れば、学校以上に多くの困難や障害にぶつかるわけで、大人ならそれらを自力で乗り越えていかねばならない。自己解決能力を身につけないまま社会の荒海に投げ出されれば、つぶされてしまうのがオチである。

逆に自力で克服しようと奮闘してきた子供は、解決の選択肢の一つとして、アクティブに大人（親・教師等）を利用する方法を選ぶのであり、自分から進んでカウンセラーやサポートセンターなどに相談するのもその一つである。こうして自力で障害を乗り越えて生きる術を身につけていけば、社会に出ても強く賢い生き方ができると思う。

さて、大人に助けを求める場合、児童生徒にとって最も身近な存在である教師（担任や部顧問など）に直接訴えるのが手っ取り早い。ただ、先生とはいっても指導力をはじめ個人差がある。担任・部活顧問でなくても、養護教諭や生徒課職員など、まず一番信頼でき、いじめを解決してくれそうな先生に報告・相談すべきである。この順番を間違えると、いじめが解決するどころか、状況がかえって悪化することもあるので注意を要する。

身近な信頼できる先生に相談してもまだ解決しない場合は、次に保護者や学校の管理職への相談・訴えが考えられる。ただ、この段階になると、子供自身の思い（解決方法）とはずれた方向へ進んでしまう可能性があるので、被害児童生徒は、対処や援助してくれる大人に対し、どうしたいのか、どうしてほしいのか、はっきりと意思表示をしたほうが良い。犯罪ではなく、校内で十分解決できそうないじめの場合であっても、特に保護者はわが子を守ろうとするあまり、子供が望まないような強硬手段に出ることも考えられ、その結果加害側との関係をこじらせ、親子共々修復が不可能になる事態も起こりうるからである。

一方、いじめとはいうものの、暴行傷害、恐喝、窃盗といった行為が絡んでいれば、明らかな犯罪であるから、学校では内規等に従い、直ちにいじめ・犯罪行為の停止とともに適切な懲戒指導等が行われるはずである。ただ、被害やダメージがそれほど大きくなければ、いじめが収束した後、校内で過ごす児童生徒達の人間関係修復は最優先事項である。従って退学に値するようなレベルでなければ、犯罪行為が絡んでいたとしても、できるだけ校内で解決したいと思うのは、教師に限らず保護者や子供達も同じであろう。この事後処理（被害者の立ち直り等）に学校（教師）は最善を尽くさねばならないが、現実には適切な対処や指導ができない学校も残念ながら一部には存在する。もし解決のめどが立たないとか、いじめが再発する可能性が高い場合は、関係を修復する前に被害者本人がストレス等でつぶれてしまう恐れがある。そういった状況の時は被害者救済を優先し、保護者同意の上で相手を訴えるか、警察に犯罪の被害届を提出してほしいと思う。

なお、生命が脅かされるような行為を伴ういじめは「重大犯罪」であり、すでに学校で扱いきれる案件ではない。相手のことは度外視し、自分の身を守ることを最優先に考え直ちに学校へ通告するだけでなく、直接あるいは間接的に警察等の外部機関に依頼し、加害者を逮捕してもらうべきである。

さて、いじめの克服・撃退にあたって、絶対に忘れてはならないことがある。それは「9割近くの子供はいじめの加害経験がある」という事実である。つまり大半の者が、故意、偶然（無意識）を問わず、いじめる側にも立っているわけだから、自分の言動がいじめに当たるのかどうか、第三者感覚で教師や保護者にアドバイスを受けるなどして、定期的に自分でチェックする必要があると思う。もしいじめの被害経験があれば、自分の行為で相手がどう思うか、チェック時にもある程度わかるのではないか。また、被害者に寄り添う心情があれば、他人のいじめをやめさせるための行動も起こしやすくなるはずである。

ライフスタイルの確立

当然ながら、私は全国の子供達すべてのいじめの現場を見ることはできないのだから、「こうすれば絶対にうまくいく」と断言するのは誠におこがましい。ところが、いじめを直接見ていないにもかかわらず、テレビなどで「こう対処しなさい！」と、自信たっぷりに言い切っている教育評論家の方を拝見することがあるが、その確信は一体どこから来るのか不思議でならない。

どうか被害者の方は、本書で提起した克服法などを自分の置かれた状況にマッチするように、柔軟にアレンジして対応してほしい。なぜならば、一番効果的な方法は一人ひとり皆異なっているからである。

ところで、いじめ発生時の対症療法よりもっと大事なことがあるが、それは生まれて物心ついた時からの生き方である。今や子供達を守るために様々な組織や制度が作られ、まだ完全ではないにしても、生命の安全や人権を守る体制は整いつつあるといえる。だがこれらのサポートが行き過ぎると、子供が事故やトラブルにあい、ケガをしないように、大人が何事にも先回りして「失敗させない、危険を冒させない」行動をとるなど、過保護状態に陥る。そうなると、ごく平均的な児童生徒達までもが、本来自力で克服できるような軽度ないじめについても、周りの大人を安易に頼る方向へ流れてしまうだろう。これでは自力で障害や困難を乗り越えようとする問題解決能力が育たず、自立して社会を生き抜くことができない若者がますます増えることになる。

今、若者が地に足をつけて生きることが極めて難しくなっているのは、ネット・SNSをはじめとして、情報が洪水のように押し寄せ、世の中の何が正しいのかわからなくなっているからだ。いつ他人に誘導されたり、利用されたりするかわからないような不安定な社会だからこそ、最後に頼れるのは自分自身であり、自分のライフスタイルをしっかり確立する必要がある。

そのためにも判断力が付き始める小学生くらいから、少しずつ心身を鍛え教養を身につけるなど、自分が成長していく生き方を日々地道に実践すべきである。そうして、広い視野と人や不確かな情報に流されない確固たる信念を持ち、思いやりと責任感にあふれ、誠実さと要領(柔軟さ)を兼ね備えることができれば、いじめることやいじめられることに関わらないことはもちろん、進んでいじめをやめさせられるような人間になれるのではないだろうか。

2　学校におけるいじめ対応時の心得

これは、私が長年取り組んできた職務でもあったので、ミクロな対症療法に偏ってしまうが、特に現役教師や保護者が対処する時には役立つものもあると思う。

学校（教師）が現場で行うことができるいじめ対応・対策

①現行のいじめ防止対策推進法への現実的な対応

第3章で指摘したように、この法律には多くの問題点があるわけだが、既に施行されている以上、残念ながら現時点では大枠で遵守するしかない。ただ、実際にいじめの被害が減り、子供たちが生き生きと学校生活を送れるようになるためにも、特に現場の教師や保護者には上手に運用してほしいと思う。以下にポイントをまとめるので参考にしてほしい。

- 第十三条により作成を義務付けられた各学校のいじめ防止基本方針については、多種多様ないじめに迅速かつ臨機応変に対処できるよう、なるべく細かな規定を作らず、ポイントを抑えた簡潔な方針・内容としたほうがよい。
- いじめ防止等の対策のための学校組織は、発生時の機動性を重視し、既に学校内で十分機能している組織を基に編成したほうが効率的である（例：生徒指導部会の活用）。

- 最優先すべきことは、学校等で起こったいじめを即刻やめさせ、被害及び加害児童生徒に迅速かつ適切な指導・支援を行うことであり、外圧や評価を気にするあまり、法規との照合や会議の開催・報告を優先してはならない。
- いじめの根絶は不可能であるから、学校内では全職員が協力して早期発見早期対処を心がけ、一人ひとりが実践経験を通して、洞察力や勘などの対処能力を高めていくことである。
- これまでも学校では、学校行事やＬＨＲ、総合的な学習、委員会活動、生徒・保護者面談、部活動などを通して、いじめの早期発見や迅速な対処につながる取り組みを行っている。無理に新しい取り組みを始めるより、既存の活動にひと工夫加えたり、ＰＴＡや地域と情報交換・連携したりするほうが効率的である。
- 児童生徒という生身の人間相手の対処・指導法は、究極的には一人ひとり皆異なることを頭に入れて対処する（マニュアルに頼りすぎないこと）。

②いじめ発生時の対応と指導について

次に、いじめ発生時の具体的な対処法（手順）について、詳細に説明する。

- いじめ情報の出処（被害児童生徒（本人）、被害児童生徒の保護者、友人・同級生・部員等、教師、地域住民や他の児童生徒の家族などの部外者、面識のない在籍校児童生徒、加害者本人、警察、児相、教育委員会等外部機関、匿名（市民・ブロガーなど））をしっかり把握し、その後の対処を効率的に行う。

- 加害者・被害者の人物像、被害者と加害者の関係、行為の具体的内容、具体的な被害、継続性や頻度、被害者のダメージ・コンディション等、いじめの詳細かつ具体的内容や全体像を客観的に把握・整理する。
- いじめ訴え（相談）者の要求レベルをしっかり判別したうえで、的確に対応する。

a　しばらく観察、様子見してほしい（保護者、友人等）
b　被害者本人には伝えず、内密に事実・状況を調べてほしい（保護者等）
c　どうしていいかわからず、相談したい（保護者、本人、友人等）
d　事実関係を調査してほしい（本人、保護者、友人、部外者、匿名等）
e　児童生徒が通常の学校生活を送れるように対処してほしい（保護者、本人等）
f　いじめをやめさせてほしい（本人、保護者、友人等）
g　加害者に謝罪してほしい（本人、保護者、部外者等）
h　加害者を指導・処罰してほしい（本人、保護者、友人、部外者、匿名等）

※特にd〜hは具体的な対処を要求しているので、学校は迅速かつ誠意ある対応とその報告をしなくてはならない。

・いじめを未然に防ぐ工夫をする。

a いじめらしき情報をつかんでも個人を特定しにくい場合には、集会等で大々的かつ厳しく事前警告を発することで、いじめの歯止めを行うとともに被害者の相談・証言を引き出しやすくする。

b 常日頃から学年や課内で教師間の交流を深め、強固な信頼関係の基に児童生徒情報を全員が共有する体制を作る。

c 多くの職員が授業間の休み時間に目を配ることができれば、問題の予兆を察知しやすい。例えば、職員室〜授業教室の移動時、途中の教室や廊下で気になる児童生徒がいたらその都度声をかける。空き教室は必ず戸締りや中の様子を確認する。

・事情聴取（事実関係の確認）時には以下の点に留意すること。

a 対象児童生徒が複数の場合、一部屋一人ずつにして、原則一部屋毎複数の教師で聴取する。

b 複数聴取の場合、聴取時間を決め一か所に情報を持ちより照合し、証言が食い違う場合は一致するまで繰返し聴取し、事実を確定する。

c 謹慎指導に当たるような不法行為を伴う場合は、聴取は原則当日に完了する（アリバイ工作防止のため、概ね4時間以内で夜遅くならない）。

d いじめの現場を抑えることができなければ、物的証拠（ケガや物損等）を見つけるか、信頼できる複数の第三者証言を得る（自白だけに頼らない）。

e　自白したら複数の教師（一人は証人の役割）立会いのもと、必ず本人自筆で事実関係を書かせる（具体的証拠資料）。

f　いじめをしたことはほぼ間違いないが、なかなか自白しない時は、焦らず聴取相手を一定時間突き放すなどして、考えさせる時間を与えることで罪の意識を高めさせ、自白に導いていく。

・その他、特に注意を要する点

a　いじめの被害がかたちに表れていない場合（陰口、仲間外れ、無視、にらむ等）の事実確認は、被害者・加害者だけではなく、第三者からもすり合わせるなどして慎重に行う。

b　いじめの現場を押さえられず決定的な証拠もない場合は、行為を加害者が認めない可能性がある。被害者が学校・教室にいづらくならないために、中途半端な追及や聴取で終わらないようなかたちで行う。

c　進退問題にまでは発展しない状況なら、一つひとつの事実の有無や懲戒指導に固執せず、保護者同席のうえ二度といじめをしない確約をとる方法も考える。

d　いじめの信憑性に疑問がある場合は、被害者の人格（被害妄想等）、過去歴（よく嘘をつく等）、取り巻きグループの有無等を予めチェックしておく。

e　親子間で会話や意思疎通が足りない場合には、本人の意思をこまめに確認しながら、保護者（特に加害者側）に誤解を与えないよう慎重に伝える。

③いじめの加害児童生徒と保護者に対して指導する時のポイント

- 子供がいじめの加害者側であれば、ただでさえ保護者は教師の叱責を予想して身構えやすいので、できるだけ敵対関係ではなく協力関係に導くようにする。

a わが子のことしか考えられない保護者が増えているので、最初に子育ての大変さに共感を示した上で、こちらの要望を出すようにする。最後は「子供の教育」への同じ思いを訴え、学校の指導に協力する方向に導く。保護者が学校を信頼し、担任などに悩みを打ち明けるようになればアドバイスすることもでき、その後、たとえ子供に厳しい指導をしても理解を示してくれる。

b ただし親がモンスターのため、どうしても理解・協力が得られないようなら、保護者の指導はいったんあきらめ、まず子供の更生に集中する。粘り強く指導し、児童生徒が教師の話をしっかり聞けるようになれば、子供が親をたしなめる可能性も出てくる。また、PTA役員（学校と信頼関係のある人物が前提）と保護者が知り合いであれば、説得・仲介に乗り出してもらうことも一案である。

- 生徒指導チーム内の役割分担・情報共有の徹底

叱り役（一人は必要）、なだめ役、相談（指南）役等を事前に打合わせで決め、児童生徒のタイプや反省状況に応じて、役割等を柔軟に変更して臨む。特に経験が浅く指導力に欠ける教師が、肩身の狭い思いをしないように、学年・生徒課全体でサポートする。そして、全関係教員が情報を共有し、連携・協力することが、いじめた児童生徒を心から反省させ、立ち直らせることにつながる。

④学校（教員組織）としてのいじめ（予防）対策

小学校高学年くらいから、ホームルーム活動や教育相談の時間を利用して、「いじめ寸劇」「いじめ演習」のような方法で、卒業生など過去の事例や他校の事例の再現によりいじめを体感させ、具体的ないじめの対処・克服法を身につけさせることは、実生活においてかなり役立つのではないだろうか。さらに、中学生くらいになれば、この寸劇・演習は、いじめの場面、個々の役割（立ち位置）を生徒に伝えるだけで、いじめの発生と対処・解決策をすべてアドリブで子供達に考えさせ、表現させることも可能になると思う。

予防という観点からは、児童生徒をキレやすい状態にさせないことが、いじめの防止にも役立つ。今の子供達は忍耐力や自制心がそれほど身についていないことが多い。指導上「母性」は必要であるが、学校は「父性」も意識し、普段から学校生活の中で、しつけを通して規範意識・倫理観を身につけさせ、彼らの心の中に《耐性の免疫》を作っていく。

保護者（特にＰＴＡ会長や役員）との信頼関係づくりも重要である。あらかじめ信頼できる人物を役員に選出し、管理職中心にアフターなども含めて親交を深めておけば、問題がこじれそうな時にも、ＰＴＡ会長・役員が学校に協力し、説得や相談・仲介に乗り出してくれる。

また、誤解などから、学校がいきなり教育委員会や警察・マスコミに訴えられないように、保護者が疑問や不満・不安を感じた時には、学校（担任や管理職等）はいつでも直接話を聞く用意があることを、機会あるごとに文書や会合を通じて周知しておく。こうして保護者からの苦情や訴えがスムーズに学校へ伝わる流れを確立しておけば、何か大きな問題が発生しても、学校と保護者の当事者間で、直接解決への糸口もつかみやすいはずである。

ただし、学校ですべて解決しようと頑張りすぎないことも大事である。あまり急いで話をまとめようとしすぎると、場合によっては隠蔽と受け取られ、ますます問題がこじれてしまうおそれがあるからだ。解決に向け誠心誠意努力をしてもダメなら、あとは覚悟を決めて、保護者などの外部機関への訴え等、堂々と受けて立つほうが良い。

ところで、私の兄のようにまったく抵抗力がなく、「絶対的いじめ被害者」になりやすい子供はどう対応したらよいのか？　やはり、彼らには、学校（担任・養護教諭等）、カウンセラー、保護者、サポート機関、行政機関が総力をあげて組織的に協力する必要があるだろう。教師や保護者が、観察力、洞察力、情報収集力を高め、初期の段階で迅速に対処できるようにするだけでなく、最もいじめの被害者になりやすい子供達の気質・性格・思考を、幼児期から適性テスト、性格検査、カウンセリング、専門医の診断、日常観察などを通して詳しく分析し、それらのデータを保存・蓄積するとともに、内々にいじめ要支援候補者のリストを関係者で共有しておく。そして長いスパンでの定期的な面談や実習を通して、ストレス・悩みの解消・解決方法などを当該児童生徒に身につけさせ、粘り強く自己解決力を高めていくのである。

⑤子供を自立した大人に成長させる人間教育の実践

今の学校教育に必要なことは、いじめをはじめとする様々な障害を、子供達が自分自身で乗り越え、解決できるような力を身につけさせることである。

情報が洪水のように渦巻く現代は、いつ他人に利用されたり訴えられたりするのかわからない不安定な社会であり、この先いじめに限らず、どんな障害が待ち受けているのか全く予測できない。そんな自分を見失いがちな世の中だからこそ、ぜひ教師（学校）は、目先の結果や損得に振り回されず、じっくり腰を据えて幼少期から子供達の心身を鍛錬し、幅広い教養を身につけさせることにまい進してほしい。例えば節目となる年齢では、人間として成長していく過程での目標を定め、児童生徒の年齢に応じた解決すべき具体的な課題（いじめ、恋愛、仕事、家族など何でもよい）を与える。その課題について、子供はホームルーム・放課後などを利用し、悩み苦しみながら自分達（個人又はグループ）の力で解決していくのである。こうした訓練・演習をこまめに繰り返し行っていけば、年齢が進むにつれて子供達の問題解決能力をバージョンアップさせることができ、いじめなどに負けない自立した骨太の人間に成長していくのではないか。

現実的には、子供達が成人後ある程度の年齢に達した時に、確固たる自分のライフスタイルを確立できれば御の字なので、学校（教師）はその長い先を見据えた、ブレのない人間教育を焦らず地道に行ってほしい。こうして全国の多くの学校が地に足をつけ、生涯教育の一環として児童生徒をじっくり育てていくことができれば、将来的にバイタリティーあふれるたくましい社会人が増えていき、日本の未来は明るい健全な社会となっていくはずである。ただ、そのためには、文科省や政府による学校への環境整備・支援が絶対不可欠であるが。

3　保護者ができるいじめ対応・対策

世の中では頻繁にいじめに関する事件・トラブルが報道され、特に幼稚園、小・中・高の学校に通う子供を持つ保護者は、「大人しく友達の少ない子だから、学校でいじめられていないだろうか？」「元気のある子だから、弱い子をいじめたりしていないだろうか？」など、毎日心配は尽きないだろう。

ただ、これまでも述べてきたように、いじめは必ずどこかで発生するものであるから、起こること自体を心配してもきりがない。それでも、いじめが起きにくい環境づくりや指導は必要であるから、保護者がやるべきこと・できることはある。いじめ発生直後の具体的な対処は、前述のように主に学校が取り組むべきことであるので、家庭においては、自分の子供が何度かはいじめと関わるであろうことをあらかじめ覚悟（想定）したうえで、「いじめをしない正義感」「いじめを克服（撃退）できる芯の強さ」を、子供に身につけさせていってほしい。

初動対応が鍵を握る

いじめ発生時一番大切なことは、起こった直後の冷静かつ適切な対処である。まず、いじめられた被害者側ならば、子供の被害とダメージの状況を、事実の有無も含めて落ち着いてしっかり確認する。次に緊急対応が必要でなければ、子供自身が処理できる問題なのか、大人が介入しなければならない問題なのか、冷静に判断する。

その時に、子供が自己解決能力を高めていくためにも、できれば子供自身に「どうしたらいじめを克服できるのか?」を考えさせてほしいのである。もし、からかい・冷やかし・陰口などのようないじめで、身体や持ち物に大きな被害が生じていなければ、特に中高校生の場合は、できる限り子供自身に行動させることで解決するのがよいと思う。子供だけでは対応が難しそうなケースであっても、いきなり保護者が前面に出るのではなく、まずはアドバイスや指示をするかたちをとり、子供同士で解決できるように、背後で保護者同士が解決の流れを話し合うとよい。相手が常識的な保護者であれば、当然申し訳ない気持ちを持っているはずなので、相手を一方的に責めたりしないように、冷静に対応する余裕が欲しい。

ただし、相手が非常識なモンスター的保護者でらちが明かない場合は、謝罪にこだわるよりも、今後一切関わりを持たないようなかたちでいじめの完全収束を図ったほうが良い。もちろん既に具体的に相当な心身・金品の被害を受けていた時には、学校や警察への相談を行い、場合によっては、賠償請求・被害届も辞さない姿勢が必要になるだろう。

逆にいじめた加害者側であっても、事実確認（特に相手の被害について）を丁寧に行うことは同様である。そして子供の行為の内容や問題点をしっかり把握した後、からかい・冷やかしのようないじめで、具体的な被害が生じていなければ、できる限り子供自身に謝罪→仲直りさせるのが良いだろう。もしすでに相手が具体的な被害や大きなダメージを受けていたなら、保護者としての謝罪も必要になるので、早めに誠意ある行動をとるべきである。

ただ、被害児童生徒の親が感情的になり、謝罪や話し合いを受け入れてくれない場合もありうる。その時は、粘り強く謙虚に働きかけを続けるとともに、学校にも協力を求めるのが良いと思う。また、被害者側であってもモンスターペアレントのこともありうる。その時は相手の警察への被害届提出や賠償請求を想定して、学校やサポート機関に相談するのはもちろんだが、常軌を逸するような行動や要求を受けた場合は、弁護士などに依頼することも選択肢の一つである。

自殺を美化してはならない

さて、具体的な対処について一通り述べたが、子供の将来を考えた場合に、「いじめをさせないこと」はもちろんだが、「受けたいじめを克服（撃退）すること」「いじめをやめさせること」、注意すること」がもっと重要である。どうしてかといえば、「いじめをしない」のは当然のことではあるが、完全に達成することもまた極めて難しいからである。いじめはある意味人間の本質的な行動の一つであるから、どんなにしないように気をつけていても、特に低年齢においては、無意識かあるいはいじめとは思わないでしてしまうことがある。

悪気はなくてもいじめをしてしまうわけだから、加害者にならないような教育ばかりに傾斜せず、いじめは必ず起こることを覚悟し、被害者・第三者のほうからいじめを克服させていくなど、子供が能動的な言動ができるように、幼少時から教え育んでいくことのほうが大事である。ぜひ、保護者の方には、子供が自力でいじめを乗り越える力を身につけられるようにサポートしていただきたい。

ところで、子供の自殺の連鎖や再発を防ぐためにはどうしたらよいのだろうか？　それは大変言いにくいことではあるが、自殺の犯人は自分自身であることを強く意識させ、あの世に行った自分より、この世に残された親・家族や親友の方が、もっと寂しい悲痛な人生を送らねばならないことを、親は自分の子供に、教師は児童生徒に対し、何度も繰り返し語り続けることではないだろうか。

実際に私は、息子が進路で挫折し、生きる目標・気力を失いかけた時、《一番の親不孝は親より先に死ぬことだ！》と、一対一で面と向かって語りかけた。世の中には交通事故・災害・病気などにより、生きたくても生きられなかった若者が大勢いる。だから自分の意思で命を絶つことは、そんな彼らに対してある意味背信行為であることを、今生きている若者たちには心を鬼にして伝えるべきである。確かに若者の自殺には、どうしても死を選ばねばならなかった同情すべき事情があるだろう。だからこそ「かわいそう」感に浸り、自殺を美化することで彼らのような悲劇を再び繰り返させてはならない。私達大人は、《自殺は周りを不幸にする大きな罪》であることを、子供（若者）に語り続けていく使命があるのではないだろうか。

子供を自立させるためにリスクを恐れない

こうしてみると、親の一番の役目は、子供を「自立して生きていける大人（社会人）に育てる」ことであろう。いじめ発生時の対症療法に一喜一憂せず、子供の育成を広い視野、長いスパンで考え、生命・財産が脅かされるような時の緊急避難や保護と、日常発生的な軽度ないじめを受けた時の自己解決や見守り・支援を、状況によりうまく使い分け、子供をたくましく成長させていってほしい。言い方は悪いが、良かれと思って過保護を続けた挙句、10年、20年経っても子供が自立できず、ニートのまま同居している姿を想像していただきたい。普通は親が先に死んでいくわけだから、いずれは子供が独りぼっちで残されるわけで、結果的に我が子を不幸にしてしまうことに気付かねばならない。こうした親の都合や願望で子供の人生をコントロールするような事態に陥ることだけは、ぜひ避けてほしいものだ。

現代は、何かにつけて「保険・保証」などが取りざたされる、リスク管理の時代となっており、特に大人自身がリスクの大きい行動には、二の足を踏むようになってきている。そんな中自分の子供に対し、失敗や危険を恐れず、様々な困難に積極的に挑戦させることには身内からも抵抗があると思う。しかし、特に年配の方ほどわかっているように、現実の人生は失敗や挫折の連続である。人間は歳を重ねる中で己を鍛え、苦境を乗り越え、家族を守りながら幸せな生活を実現させていく生き物であることを、ぜひ忘れないでいただきたく思う。

4　マスコミへの6つの要望

いじめを克服するために、マスコミが担う役割は大きい。記者個人は「社会正義」を貫き、市民や社会的弱者を救済することが使命であると自負し、精力的に活動しているかもしれないのだが、現在の日本のマスコミを組織体としてとらえた場合、２つの大きな問題を抱えている。

一つ目はマスコミの営利主義・商業主義と社会正義との矛盾である。マスコミの代表格である新聞もテレビも、ＮＨＫを除き民間企業である。従って時には大スポンサーに気兼ねした報道をしたり、報道しない自由を行使したりすることがあっても不思議ではない。問題は企業の思想信条や経営方針等により、時には報道に偏りが生じることを世間（国民）には公表せず、表面的には「公正さ」「社会正義」を前面に押し出すスタイルで、世論を誘導している点である。

二つ目の問題として、世論形成を主導する日本のマスコミが、日本を代表する大企業であり、旧態依然とした既得権益者の代表格であるにもかかわらず、国民からの信用度が欧米に比して極めて高い（約7割）ことである。それは、悪い言い方をすれば、大多数の国民が、マスコミの意とする方向へ容易に誘導される危険をはらんでいるということである。

本書のテーマであるいじめの問題についてこれらを当てはめてみると、いじめは社会的弱者である子供が被害を受けるという、世間の注目を集めやすく社会正義を煽るような話題であるといえる。したがって、他局・他社より少しでも優位に立とうとする報道機関は、視聴率・収益を上げるために競って過熱報道を繰り返すことになる。実は国民のほうにも問題があるのだが、善人と悪人をはっきり色分けするような単純なわかりやすい構図を好む傾向があるため、多くの国民から信頼を得ているマスコミが、加害者親子や管理・保護責任のある学校を「悪」として叩く「善悪二元論」へ、世論を誘導しがちなのである。

また、「いじめが原因と疑われる自殺」の場合には、過熱報道を繰り返すことで、国民の自殺防止の思いとは裏腹に、「後追い自殺」や「仕返し自殺」を生みやすくしてしまう。こういった自殺の連鎖を防ぐためにも、子供の自殺は原則として報道しないことである（いじめが原因として疑われる場合はなおさら）。もし、自殺の練習までさせられたという大津の中学生のような極めて悪質なケースであれば、わざわざ全国報道で繰り返し詳細を伝えなくても、これまでと同様、凶悪犯罪の刑事事件として刑法に照らし合わせ、検察により厳正に処罰されるはずである。

一方、学校で日常的に起こっているような多くのいじめ（からかい、無視、仲間外れなど）

の類は、現場（教師等）の裁量に任せて臨機応変に対応・解決していくのが現実的かつ効果的であり、実際に解消率も高いわけだから、自殺の場合以上にいちいち報道する必要はないはずである。

確かに報道によって元気づけられた被害者もいるには違いないが、全国的に被害者の救済や対症療法が強調されすぎることで、大人などを頼る受け身の指示待ち人間の子供が増えるなど、自己解決能力が育たないことの波及効果のほうが大きい。

全国民への影響力を持つマスコミや有識者がすべき役割は、個々の被害者とその家族のかわいそう感を煽って、加害側を責任追及することではない。今後悲惨ないじめ事件が繰り返されないため、またいじめが深刻化しないために必要な情報や方策を、国・行政と連携して積極的に提案していくことである。実際に児童生徒が深刻ないじめの被害を受けた時には、今や教師、児童生徒、保護者、カウンセラー、支援団体などが連携した、被害者が立ち直るためのサポート体制が構築されつつあるので、対症療法は現場に任せておき、そのような支援システムや組織の運用・資金面などで何か問題がある時こそ、マスコミは改善のための建設的な提言をしてほしい。

こうしたことを踏まえ、私はいじめに関する報道について、マスコミや有識者に以下の6点を要望する。

①いじめが絡んだ凶悪事件であっても、加害者・被害者とも子供の人権を守る必要があるので、事実関係がはっきりするまでは協定を結ぶなどして報道を自粛する。
②報道する場合にも、犯人探しや個々の責任追及、主観的・感情的なコメントは控え、客観的事実のみを簡潔に伝えることにとどめ、後追い報道、過熱報道をしない。特に自殺については、被害者家族からあえて公開の要望がない限り、原則として報道しない（ＷＨＯのガイドラインを守る）。
③どうしてもコメントが必要な場合には、自らの立ち位置（被害者寄り、第三者など）を明らかにした上で、自社（記者）の見解と分かるように報道する。
④今後の被害者親子の立ち直り、人間関係の修復、平穏な学校生活を最優先し、学校内の生活や私生活に立ち入るような報道はしない。
⑤いじめでも犯罪には当たらず、当事者間で解決できそうな場合は、たとえ被害者本人・家族が情報提供した場合でも安易に報道しない。
⑥マスコミ自身の世論への大きな影響力を自覚し、子供がいじめを克服できるような、前向きな教育施策や環境整備などを、定期的に提言・情報提供する。

現在、日本のマスコミが多くのタブーを抱える中、確かにいじめ問題は世論を追い風に社会正義を前面に押し出せるなど、報道しやすく視聴率を稼ぎやすいテーマであろう。しかし、国の将来を担う子供達を自立した立派な社会人に成長させるための教育は、損得抜きで行われるべきであり、子供の生き方に関わるような問題が、コマーシャリズムに飲み込まれるようなことがあってはならない。

ぜひ、マスコミや有識者は、加害者バッシングや責任論に終始せず、自らいじめを注意したり、撃退したりできるような骨太の子供を育てるための教育や体制作りを支援するような報道を通して、世論形成に貢献してほしい。

5　文部科学省・教育委員会は当事者のサポート・支援機関

今やいじめなど、子供に関する大きな事件が起こる度に、政府や議会が慌てて施策を行ってしまうので、文部科学省も、また、そこから指導や通達を受ける教育委員会も、確かに大変ではある。しかし、施策の視点はあくまで現場目線でなくてはならないはずである。いじめ防止対策推進法の厳密な運用にこだわることなく、いかに子供達を守り、教え導き、成長させていくかを第一に考え、学校を背後から支えるサポート機関にぜひ徹してほしいと思う。

私は、現在のいじめ対策の閉塞した状況を打開するためには、思い切って「いじめ防止対策推進法」を廃止するか、大幅な改定を行うしかないと思う。その理由は、一つに、この法律の施行により、

①定義との照合やいじめの認定といった形式的な側面に時間をとられる
②いじめの報告件数の多い方が評価される本末転倒な数値競争が起こりつつある
③新たな協議委員会・対策組織や会議が増えすぎている
④文科省などからの一方的な通達や規定が増えている
⑤調査・報告することが半ば目的化してきている

といった弊害が表れ、本来学校教育で重視されるべき、寄り添い、相談、励まし、説諭、反省、叱責等が、おろそかにされてしまうからである。

二つ目として、生命や財産に重大な被害が生じるようなケースを除いた、大半のいじめへの対処・解決は、原則的に学校現場（教師・児童生徒・保護者・カウンセラー等）の裁量に任せるべきものだからである。

現場の状況を考えずに、いちいちすべての案件について、杓子定規に調査・会議・報告を行えば、学校はそのための準備や作業に時間をとられてしまい、本来かけるべき児童生徒と接する時間が失われてしまうなど逆効果である。また、日常的に多く発生している「からかい、悪口、仲間外れ、無視」といったいじめは、ほとんど学校内で解決できるものであり、犯罪が絡んでいなければ、児童生徒の性格・行動・家庭環境などをよく知っている教師や、保護者が中心に対処するほうが的確かつ合理的であると思う。

実際に教育委員会の支援が必要となるケースは、学校が困って自ら相談してきた時や、俗に言う「重大事態」時に、警察の介入や訴訟・賠償問題にまで発展するような場合である。その時には、顧問弁護士とともに、法的・専門的知識を駆使して、誠意ある対応をしていただきたい。

また、テレビや新聞などで全国的な報道がなされた時には、特に文科省は、個人や家庭のプライバシーが侵されるような偏向・過熱報道をさせないように、積極的にマスコミと報道協定を結ぶなど、このような時こそ強い権限を行使してほしい。特に子供がいじめを苦に自殺に至った場合には、遺族やいじめた者を含めた全校児童生徒の人権を守るだけでなく、ウェルテル効果等で後追い自殺がおきないように、報道機関を監視してほしい。

いずれにしても、学校側の対応に瑕疵があるなど、擁護できない面があったとしても、単なる責任追及に終始するのではなく、子供達を立ち直らせ、成長させていくような建設的な見通しを持った措置や対策を行ってほしい。

もし、国や地方自治体などから新たないじめ対策や改善の要求がなされたなら、文科省や教育委員会は、学校現場の意見やアイディアをできるだけ尊重してほしい。そのアイディアも、全国すべての学校から一律に提出させるよりは、成功した学校に事例（モデルプラン）を報告してもらい、それを広く普及させていくほうが効果的だと思われる。

そして一番大事なことは、児童生徒が、安心し落ち着いて教育を受けられる学校環境を整えるために、学校の教師にやりがいを持たせ、授業や校務に集中して取り組める体制を構築することである。それを実現するには、文科省自らが、学校・教師を取り巻く様々な規制・指導や報告義務を、大幅に削減する必要があるのではないだろうか。

6　国主導によるいじめを通した人間教育

現行のいじめ対策を軌道修正し、子供の健全な成長や暮らしやすい社会実現のため、最も頑張ってほしいのが政府や政治家である。繰り返すが、「いじめ防止対策推進法」には多くの問題がある。いくら現場で、子供、保護者、先生やカウンセラーが、いじめの解決に必死に取り組んでも、法令や通達などによる定義や認定基準、報告や会議などの規定が足かせとなって、逆に解決のスピードが鈍ってしまうからである。

実際に発生する個々のいじめへの対応は、その大半を学校や家庭が担っていくしかないのだから、国や地方公共団体は、当事者（現場）がやりにくくなるような制約や条件をできるだけ付けない方がよい。ところが今や国や文科省は、大人の論理で権限や法律を行使することによっていじめを抑え込もうとしており、いじめが人間の本質に関わる問題であることや、子供同士の人間関係がほとんど考慮されていない。例えば被害者の心情・苦痛ばかりが強調されるが、第2章で記したように、9割近くの子供達が被害者と加害者の両方を体験している事実はまったく見過ごされている。つまり、固定化した被害者はほんの一部であり、大半の子供達は、加害者として説諭・指導を受けなければならない立場にもあることを忘れてはならない。

法律でいじめの定義・認定基準を明確にし、被害者を救済しようとすればするほど、それは加害児童生徒とその保護者を、厳しく指導することにもつながる。たとえば、同じ子供が同時展開の異なる2つのいじめ事件の被害者と加害者だったとしたら、教師や保護者はどう指導していいか困り果ててしまうだろう。全児童生徒の多くが加害経験をするいじめについて、被害者救済の観点に偏った対策を施すことが完全に論理破綻していることは、一目瞭然ではないだろうか。

今一度私達は、いじめを感情のある人間の持つ本能的な行動と理解し、根絶は不可能であることをしっかり認識したうえで対処しなければならない。そういった認識がないから、目標が達成できないことで年々報告を厳格化し、規定・罰則を厳しくするという本末転倒な施策が行われるのだ。このままでは私が批判するまでもなく、「いじめ防止対策推進法」は自らの制度疲労で自爆してしまうだろう。それでも、どうにもならなくなる前に、自ら廃棄又は大改革することを勧めたい。

ところで近年は、警察庁統計などによれば、凶悪事件こそ減少傾向にはあるものの、規範意識の低下や人間関係づくりの未熟さが原因となった事件や、SNSに関連したいじめ・トラブルなどが、水面下で広がる気配を見せている。問題がなかなか表面化しないだけに、問題解決も一筋縄にはいかないケースはますます増えていくだろう。

また、凶悪事件が大々的に報道されると、一般市民は被害者感情に寄り添い、加害者に厳しい処罰を求める傾向があるが、日常的に起こっているような万引き、窃盗、器物破損など発生頻度の高い事件については、警察も学校も加害者を特定することに苦慮している実態がある。特に未成年の場合、少年法など人権保護の観点もあり、誤認逮捕でもしようものなら、当事者や人権団体から徹底的に責任追及されてしまうため、事情聴取や捜査は相当慎重にならざるをえないのだ。この状況下では、学校内で発生した不法行為（窃盗・恐喝等）を伴ういじめなどの事実確認や認定そのものが、かなり難しくなっていくのではないだろうか。このような現状から、凶悪事件への国民の処罰感情とは裏腹に、現実には処罰すらできないという矛盾が起こりつつあるのである。

さらに、現代の陰湿ないじめの増加やモラルの低下は、実は子供達だけの問題ではなく、社会の中心である大人達が、信念よりも金、社会・他人より自分、協調より個性、モラルより快楽を求める方向へ流れてきてしまったという、日本社会の構造的な問題であることも否定できない。

このような大変な社会環境の中で、子供達は中学高校や大学卒業後、世の中に出ていくわけだが、ただちに自己責任の増加、様々な上司や権力者の存在、パワハラやいじめの類、様々な社会のルールや制約など、否が応でも社会の厳しさを直接肌で感じることになる。それらの圧力に屈するなど障害を乗り越える力がなければ、独り立ちして生きていくことはできない。

だから子供の時から、人の教えを謙虚に聞いたり、困難や逆境から逃げずに自力で克服したり、仲間と切磋琢磨しながら協力したりして、自分自身を人間的に成長させていく必要があるのだ。

人間形成の観点からのいじめ対策を

これらのことを勘案すれば、今、国が教育行政としてやるべきことは、いじめの行為そのものをなくそうと法整備に躍起になることではなく、20〜30年先を見据えて、将来の日本を背負っていく子供達を健全にたくましく成長させ、自立した立派な大人に成長させるための教育にもっと力を入れることであろう。その生涯教育においては、「いじめ対策」を社会人育成プログラムの一環として位置づけ、「いじめをやめさせることのできる人間、いじめに打ち勝てる人間」を育成していくことである。

ただ、「絶対的いじめ被害者」に位置づけられる子供については、さらにきめ細かな支援システムが必要になるだろう。学校関係者（教師、カウンセラー、保護者）だけでなく、行政機関や民間NPOも協力して、幼少期からの各種検査やカウンセリングの分析結果を保存するとともに、優先的に支援・保護すべき子供のリストを作成しておく。そしてできるだけ早いうちから定期的継続的に面談・実習・訓練を行い、ストレスや悩みの解消方法などを身につけさせていくのである。その間に、もしいじめを受けるようなことがあれば、直ちに学校、家庭、警察、医療機関が連携してサポートすべきだが、そのための体制作りはぜひ国・地方公共団体が主導してほしい。こうすることで「絶対的いじめ被害者」になりやすい子供達も、小さい頃からいじめへの耐性や自己解決力を少しずつ高めていけると思う。

このように、教育施策全体としてのマクロ的ないじめ克服策と、「絶対的いじめ被害者」を救済するミクロ的ないじめ防止策とをバランスよく組み合わせたいじめ対策を、政府にはぜひ望みたい。

こうして子供達は、いじめ被害や加害などのリアルな体験を通して様々な困難や障害を克服できるようになり、人間的に成長していく。将来バイタリティにあふれた正義感と思いやりのある大人になれば、自分自身の生活力が高められるだけでなく、規律ある相互扶助が浸透した暮らしやすい日本社会となっていくだろう。

国や地方公共団体は、学校、家庭、地域が、法的規制や外圧などの制約を受けずに、一貫した生涯教育が伸び伸びと行えるような体制・組織作りを継続的に支援していく必要がある。ぜひ、国が行う「いじめ対策」は、その場しのぎの対症療法ではなく、教育・人間形成という大きなビジョンで捉えた、腰の据わった施策であってほしい。

あとがき

これまで、いじめ防止対策推進法、いじめ防止対策委員会の提言、文科省いじめアンケート調査結果などを分析してみて、改めて日本のいじめ対策の問題点がはっきり見えてきた。「いじめ」というかなり漠然とした言葉の中には、実に多くの要素や問題が内包されている。私達日本国民は、「いじめ」という一つの用語を作りだしてしまったために、この「いじめ」を絶対的な悪ととらえ、時として恐れたり、憎んだりしてきた。大きな事件が起こるたびに、事件の部外者（世間）は、具体的な行為や被害の詳細が分からぬまま、マスコミ報道に引き込まれてしまう一方で、学校はといえば、いじめへの対応だけでなく、恒常的に認知、調査、報告に追われるなど、国民全体が「いじめ」という言葉に振り回され続けてきた。

私は「いじめ」という言葉の使い方もさることながら、「いじめ」の解釈・捉え方を、思い切って大転換すべき時期に来ていると思う。何度も言うように、「いじめ」は人間の本質に基づく行為であり、誰もこの行為から逃れることはできない。だとしたら、「いじめ」を悪と決めつけるのではなく、人間の体の一部として常に同居しているもの、と考えるほうが対処はしやすくなるのではないだろうか？

人間の体内にはコレステロールという成分がある。私のような年配者の方は、定期検診のたびに、その数値を気にしているのではないかと思う。事実、私は担当医から、悪玉コレステロールを減らす指導を受けている。そのコレステロールは、多すぎれば動脈硬化などを誘発するため、いかにも悪者のように言われているが、動物の生理科学上不可欠な成分であり、細胞膜の形成や、脂肪の消化にも欠かせないものである。またコレステロールには善玉と悪玉があるように、長所短所両面を備えており、コレステロール数値が低すぎても死亡率が高まるという調査報告もある。

このようなコレステロールの特徴を、「いじめ」という成分にも当てはめてみたらどうだろうか?

「いじめ」成分は、どんな人間にも備わっているものであり、適量であれば、調整(仲直り、修復、克服)が可能で、健全な人生を歩むことができる。しかし、量が多すぎると、拘束力、暴力、欲望(加害要素)などが増し、極端に多いと一生回復不可能になることもある。また逆に量が少なすぎると、抵抗力、免疫力、回復力などが弱まり、なかなか自立した生活を送ることができない。

このような体に備わった成分と考えれば、いじめが存在するのは当たり前だから、根絶に躍起になることも、認知数や報告に神経をとがらせたり、罰則を強化したりする必要もなくなるだろうし、多くの子供に被害体験と加害体験が共存することも、当然だと受け止められるのではないだろうか。

兄はこのいじめ成分がすっかりなくなってしまったため、50年間も統合失調症に苦しんできたともいえる。未だに当時の加害者には憤りを感じるが、いじめ自体を根絶することは不可能であるから、抵抗力・回復力となるいじめ成分を、自分の体内で再生産するか他から補充するしかなかったのだ。この先兄の無念を晴らすことはできないかもしれないが、私の提言が、カンフル剤・ワクチンとして多くの若者のいじめ成分を適正化するきっかけとなり、いじめによって人生を台無しにされる人間がいなくなるように、また換言すれば、いじめ成分が空になる前に、自力・他力を問わず補充されるシステムが出来上がるようになれば、兄も心の片隅で喜んでくれるのではないかと思う。

どうか政府や文科省には、名医になったつもりで、「いじめ」成分を子供のうちから適正にコントロールできる処方箋を示し、国民が心身ともに健康で、日本が将来暮らしやすい世の中になるように、正しく導いてくれることを切に願っている。

拙著の出版にあたり、共栄書房の平田社長並びに編集部の佐藤恭介さんには、いろいろとアドバイスをいただくなど、大変お世話になりました。私の「いじめを克服する健全な日本社会」への思いが本というかたちで表現できたのは、まさしくお二人のおかげであり、この紙面を借りて改めてお礼申し上げます。

主な引用資料

① 「いじめ防止対策推進法」（平成25年法律第71号）
② 「平成26年版子ども・若者白書（全体版）」（内閣府）
③ 「平成27年度児童生徒の問題行動等生徒指導上の諸問題に関する調査」（文科省）
④ 「いじめ防止対策推進法の施行状況に関する議論の取りまとめ（H28・11・2）」（いじめ防止対策協議会）
⑤ 「平成27年の犯罪」（警察庁）
⑥ 「平成27年度公立学校教員採用選考試験の実施状況について」（文部科学省）
⑦ 「新規大学卒業者の産業分類別（大分類）卒業三年後の離職率の推移（H15～27）」（厚生労働省）
⑧ 「都道府県労働局へのパワハラ相談件数（H17～27年）」（厚生労働省）

和田慎市（わだ・しんいち）
1954年、静岡県生まれ。東北大学理学部卒業。宮城県・静岡県公立高等学校教諭・教頭として36年間11校の多種多様な公立高校に勤務し、主に危機管理や生徒指導実践において長年教育界に尽力。2014年3月退職し、現在は学校法人日本体育大学浜松日体中・高等学校講師として教鞭をとるかたわら、講演会・研修会・執筆などを通じ、現役教師・保護者・学生をサポートする活動を行っている。
著書に『実録・高校生事件ファイル』『すばらしきかな、教師人生』（いずれも共栄書房）
ホームページ「先生が元気になる部屋」http://www.bizserver1.com/wadashin/

いじめの正体——現場から提起する真のいじめ対策

2017年11月25日　初版第1刷発行

著者 ———— 和田慎市
発行者 ——— 平田　勝
発行 ———— 共栄書房
〒101-0065　東京都千代田区西神田2-5-11 出版輸送ビル2F
電話　03-3234-6948
FAX　03-3239-8272
E-mail　master@kyoeishobo.net
URL　http://kyoeishobo.net
振替　00130-4-118277
装幀 ———— 佐々木正見
印刷・製本 —— 中央精版印刷株式会社

ISBN 978-4-7634-1081-8 C0037

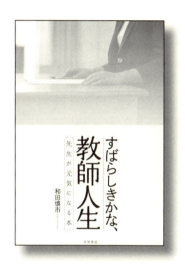